Sarah Jurkiewicz Al-Jazeera vor Ort

Medien und politische Kommunikation – Naher Osten und islamische Welt /
Media and Political Communication – Middle East and Islam, Band 18
Herausgegeben von Prof. Dr. Kai Hafez, Universität Erfurt
(in Nachfolge der gleichnamigen Schriftenreihe beim Deutschen Orient-Institut,
Hamburg, 2000 bis 2005, Band 1 bis 10)

Sarah Jurkiewicz

Al-Jazeera vor Ort

Journalismus als ethische Praxis

Frank & Timme
Verlag für wissenschaftliche Literatur

Umschlagabbildung: Das Bild zeigt Aktham Suliman,
Korrespondent von Al-Jazeera TV in Deutschland.

Die Publikation wurde vom Zentrum
Moderner Orient gefördert.

ISBN 978-3-86596-228-7
ISSN 1863-4486

Herstellung durch das atelier eilenberger, Leipzig.
Printed in Germany.
Gedruckt auf säurefreiem, alterungsbeständigem Papier.

www.frank-timme.de

Dank an

die Journalisten, ProduzentInnen, Kameramänner und Sekretärinnen der Al-Jazeera Büros in Berlin und Paris für die Einblicke in ihre Arbeit. Mein besonderer Dank gilt Aktham Suliman für seine Gesprächsbereitschaft und sein Interesse an meiner Arbeit;

alle Freundinnen und Freunde für ihre Anregungen, Ermunterungen, praktische Unterstützung sowie ihr kritisches Lesen: Antina Michels, Bettina Gräf, Birke Otto, Christina Beck, Dominik Scholl, Ellen Mey, Ilka Eickhof, Julia Jung, Larissa Schmid, Lisa Heinrich, Sulamith Hamra und besonders an Fabian Larsson;

Prof. Kai Hafez von der Universität Erfurt für die kritische Durchsicht des Manuskripts und seine Mitarbeiterin Carola Richter für ihre Unterstützung bei der Publikation, Prof. Stefan Beck vom Institut für Europäische Ethnologie der Humboldt Universität Berlin für seine Betreuung und Zuversicht während der Entstehung der Magisterarbeit und an Dr. Michi Knecht für ihre ansteckende Begeisterung für das ethnologische Arbeiten;

und nicht zuletzt dem Zentrum Moderner Orient, Berlin, das mich bei der Veröffentlichung dieses Buches finanziell unterstützte.

Berlin im Januar 2009

Inhaltsverzeichnis

1 Einleitung

Man versteht sich in vielerlei Hinsicht, ob als arabische oder muslimische Stimme, ob als Gegengewicht zu CNN, zur internationalen Politik und Globalisierung oder staatlichen arabischen Fernsehsendern. Aber das alles beeinträchtigt die Professionalität nicht. (Aktham Suliman, Büroleiter Al-Jazeera Berlin)[1]

Der arabische Nachrichtensender *Al-Jazeera*[2] ist – laut dessen eigener Darstellung und in den Augen vieler Zuschauer und Beobachter – anders als alle anderen Fernsehsender der internationalen Medienlandschaft. Aber diese Differenz markieren nicht nur die Marketingstrategen des Senders und dessen Zuschauer und Beobachter, auch die für ihn arbeitenden Journalisten, wie der Berliner Büroleiter Aktham Suliman, verstehen ihren Sender in vielerlei Hinsicht als Gegengewicht.

Die Zuschreibungen und Erwartungen an den Sender divergieren beträchtlich. Einerseits wird *Al-Jazeera* als arabischem Sender eine vermeintlich authentische Perspektive auf die Region zugeschrieben. Andererseits gerät der Sender aber wegen seiner „pro-arabisch/muslimischen“ Berichterstattung auch immer wieder in Kritik. Debatten um Professionalität im Journalismus allgemein und um objektive Berichterstattung werden im Zusammenhang mit dem Sender ausgetragen, so dass *Al-Jazeera* Journalisten zumindest in Europa unter einen erhöhten Legitimationsdruck stehen.

Professionell zu sein, das heißt entsprechend der Ethikkodizes im Journalismus, wahrheitsgemäß und ausgeglichen zu berichten, objektiv zu sein und Distanz zu wahren. Wie lässt sich aber in einem politisch aufgeladenen Feld eine ausgeglichene Berichterstattung erreichen? Was bedeutet Professionalität und die professionelle Ethik des Journalismus' im Berufsalltag der Journalisten und wie versuchen sie diese zu erreichen und umzusetzen? In dieser Arbeit gehe ich diesen Fragen anhand der Korrespondentenbüros von *Al-Jazeera* in

[1] Aktham Suliman im Interview am 03.07.2006.

[2] Die Schreibweisen des Senders differieren in den verschiedenen Sprachen (im Deutschen oft auch Al-Dschasira, im Französischen Al-Jazira etc.). Ich halte mich im Folgenden an die offizielle englische Schreibweise des Senders. In Textzitaten benutze ich allerdings die jeweils verwendete Schreibweise.

Berlin und Paris nach. Der Fokus liegt dabei auf der alltäglichen Berufspraxis der *Al-Jazeera* Korrespondenten. Mittels ethnographischer Beschreibungen wird untersucht, wie sie „vor Ort“ arbeiten, mit welchen Erwartungen sie konfrontiert sind und wie sie von einem kulturellen Kontext in einen anderen übersetzen.

Das Ziel ist dabei nicht, die Differenzen zwischen der formalen Ethik des Journalismus', wie sie in Ethikkodizes festgehalten wird, und der journalistischen Praxis aufzuzeigen. Vielmehr möchte ich den Zusammenhang von (formaler und informeller) professioneller Ethik und sozialer Praxis im Journalismus herausarbeiten und zeigen, wie unterschiedlichste und teilweise konkurrierende normative Maßstäbe die journalistische Praxis leiten. Dabei wird insbesondere das Verhältnis zwischen dem Ethos *Al-Jazeeras* – im Sinne einer spezifischen ethischen Haltung des Senders – und der journalistischen Praxis untersucht.

Den theoretischen Hintergrund dieser Untersuchung bildet ein praxeologischer Ansatz. Angelehnt an Paul Rabinow, der u. a. in seinem Aufsatz "Science as Practice" (1996b) Wissenschaft als ethische Praxis konzeptualisiert, soll die ethische Dimension von Praxis im Fokus stehen.[3] Von seinen Analysen zu den normativen Maßstäben wissenschaftlicher Praxis und seinem Plädoyer das Selbstverständnis der Praktiker zu untersuchen, inspiriert, gehe ich in dieser Arbeit folgenden Fragen nach: Durch welche normativen Maßstäbe sehen Journalisten ihre Praxis geleitet? Welche ethische Haltung (Ethos) nehmen sie in der Praxis und im Sprechen ein? Wie wird diese praktische Ethik durch den Kontext bedingt? Und welche normativen Maßstäbe und Werte strukturieren schließlich die Praxis?

Al-Jazeera ist für die Untersuchung dieser Fragen ein äußerst erhellendes Beispiel. Da das Ethos des Senders als medialer "Underdog" politisch besonders aufgeladen und stärker akzentuiert ist als bei anderen Sendern, wird das Ethos in der journalistischen Praxis immer mit verhandelt. Gerade durch diese Spezifik des Fallbeispiels wird exemplarisch sichtbar, dass Journalismus eine ethische Praxis ist und wie normativ das Arbeitsfeld von Journalisten und die Nachrichtenproduktion sind.

---

[3] Praxis beinhaltet in meinem Verständnis immer soziale, politische und ethische Dimensionen. Auch die politische Dimension der Praxis (Ortner 1984: 149) spielt im Journalismus eine große Rolle und wird im Laufe meiner Arbeit immer wieder sichtbar werden. Der Schwerpunkt dieser Arbeit liegt allerdings auf den professionellen Haltungen der Journalisten, das heißt wie sie mit den politischen Dimensionen der Praxis professionell umgehen und mit welchem ethischen Vokabular sie diese beschreiben.

In einer weiteren Perspektive dieser Arbeit frage ich nach den Parallelen und Differenzen des journalistischen Wissensmodus' gegenüber dem ethnologischen. Diese Frage wurde während meiner Forschung in der Auseinandersetzung mit den journalistischen Arbeitspraxen und in der Auswertung des Materials immer wieder aufgeworfen. Die Arbeit möchte somit auch einen Beitrag zur Diskussion über verschiedenen Modi der Wissensproduktion und zur Reflexion über professionelle und disziplinäre Grenzen hinweg leisten.

1.1 Material und Methoden

Die vorliegende Arbeit basiert auf dem Material meiner teilnehmenden Beobachtungen und der Gespräche im Rahmen zweier einmonatiger Praktika in dem Berliner und Pariser Büro von *Al-Jazeera*. Während der Praktika habe ich die Journalisten bei ihrer Arbeit – bei Interviews, Pressekonferenzen, Bildaufnahmen und ihren täglichen Arbeitsabläufen im Büro – teilnehmend begleitet. Das Material besteht hauptsächlich aus Feldforschungsnotizen und informellen Gesprächen mit den Journalisten sowie einigen transkribierten Interviews. Zwar waren die Journalisten für meine Interviewanfragen und -wünsche nicht immer offen. In ihrem Umgang mit meinen Anfragen zeigten sich aber bereits ihre ganz spezifischen Vorstellungen von Recherche und Interviewführung, die wiederum aus ihrer Form der Wissensarbeit entspringen (s. Exkurs, Kapitel 6).

In die einzelnen thematischen Kapitel fließt jeweils Material aus beiden Forschungsorten ein. Dabei ist die Arbeit nicht als Vergleich zwischen den beiden Büros angelegt, sondern möchte ein Spektrum von Positionen eröffnen und den Einfluss des jeweiligen Kontexts auf die Arbeit der Korrespondenten zeigen. Die beiden Büros sind zwei Beispiele in der heterogenen Korrespondentenlandschaft *Al-Jazeeras*, in der die jeweiligen Dependancen relativ unabhängig voneinander arbeiten. Daher lassen sich aus ihnen keine generellen Aussagen über *Al-Jazeera* in Europa machen. Hinsichtlich meines Forschungsinteresses über das Wechselspiel von Ethos, Professionalität und Alltag veranschaulichen die beiden Büros aber eine Bandbreite möglicher Positionierungen, Handlungsstrategien und Reibungen in diesem Feld.

1.2 Journalismus als ethnologisches Forschungsfeld

[...]ethnography of journalism complicates narratives of journalistic crisis and redemption that pit an abstract system of 'capitalism' or a set of pernicious political interests against heroic media reformers. We find that the professional and situational realities facing journalists are often more complex and less easily moralized than such portraits suggest. (Boyer/Hannerz 2006:11)

Die Beschäftigung mit Journalismus aus sozialwissenschaftlicher Perspektive stellt kein neues Phänomen dar. Schon in den 1970er Jahren entstanden mediensoziologische Forschungen zu Journalismus, die insbesondere auf die Produktion von News fokussierten (Tuchman 1978). In der Ethnologie finden Medien als soziale Praxis erst in den späten 1980er Jahren mit den theoretischen Brüchen im Fach systematisch Beachtung. Mit der Entwicklung einer "anthropology of the present" (Fox: 1991) wurde die Aufmerksamkeit zunehmend auf globale Verflechtungen gelenkt, in denen Medien eine bedeutende Rolle spielen. In den frühen medienethnologischen Forschungen wurde damit begonnen, Medienaktivismus und Medienrezeptionen in spezifischen lokalen Settings zu untersuchen (vgl. Ginsburg u. a. 2002). Systematische Forschungen zu Journalismus entstanden allerdings erst in den letzten Jahren. In *Ethnography* (2006) plädieren Dominic Boyer und Ulf Hannerz so für eine Ethnografie des Journalismus'. Diese könne zum einen die Rolle von Medienprofessionellen in Prozessen sozialer Vermittlung und kultureller Produktion befragen; zum anderen zur Untersuchung von Transformationen politischer Kommunikation und der Entstehung neuer Zonen translokaler, sozialer Erfahrung beitragen. Außerdem regen Boyer und Hannerz dazu an, andere Wissenskulturen im Sinne des *studying sideways* komparativ zu reflektieren (Boyer/Hannerz 2006: 7). Sie machen in der zeitgenössischen soziologischen und ethnologischen Journalismusforschung fünf verschiedene Strömungen aus, die Einsichten ermöglichen in:

- den Einfluss der „Vermittlungslabore" auf die "global ecumene" (Arjun Appadurai, 1996: *Modernity at Large: Cultural Dimensions of Globalization*. Minneapolis);
- die Beziehung zwischen Medien und politischer Kultur (Pierre Bourdieu, 1996: *On Television*. New York);

- die soziale Praxis des Berichterstattens (Ulf Hannerz, 2004: *Foreign News. Exploring the World of Foreign Correspondents.* Chicago);
- die Mikrosoziologie der Labore der Nachrichtenproduktion, wie den Newsroom und die Praxen des Schreibens und Editierens (Per Ståhlberg, 2002: *Lucknow Daily News: How a Hindi Newspaper Constructs Reality.* Stockholm);[4]
- die Beteiligung von Journalismus an der Objektivierung und Anerkennung bestimmter Schemen sozialen Wissens (Dominic Boyer, 2005a: *Spirit and System: Media Intellectuals, and the Dialectic in Modern German Culture.* Chicago).[5]

Mein Ansatz lässt sich am ehesten innerhalb der Forschung zur sozialen Praxis der Berichterstattung verorten und weist auch thematisch eine Nähe zu Ulf Hannerz' *Foreign News* (2006) auf. Hannerz porträtiert in seiner Studie den Berufsstand überwiegend nordamerikanischer und nordeuropäischer Auslandskorrespondenten der großen westlichen Medienanstalten und untersucht die globalen und translokalen Verbindungen der *Community of Practice*, die über nationalstaatliche Grenzen hinweg arbeitet. Dabei berücksichtigt er aufgrund ihrer größeren Affinität zur ethnologischen Textproduktion besonders die Printmedien. Sein Anliegen ist es, den "global-babble" (J. Abu-Lughod 1991) zu verorten, insofern ist seine Arbeit als ein Beitrag zur Globalisierungsforschung zu verstehen. Anders als in vielen medienwissenschaftlichen Studien, die vorrangig Inhalt oder Rezeption von Medienberichten untersuchen, behandelt er die Produktionsseite und das Arbeitsfeld von Journalisten. Hannerz beschreibt die Bedingungen, in/unter denen Auslands-Nachrichten produziert werden: die Newslandschaft, Karrieren von Korrespondenten, bestimmte Regionen und ihre "story lines" sowie die Communities der Auslandskorrespondenten an verschiedenen Orten. Dabei analysiert er insbeson-

[4] Strindberg untersucht (im Artikel in *Ethnography* 7 (1) 2006) das Selbstverständnis der Mitglieder einer „universellen Profession" in unterschiedlichen Kontexten. Beim Vergleich der Idealmodelle von Journalisten in Indien und Schweden betont er die lokalen Einflüsse.

[5] Dominic Boyers Forschungen zu Journalismus fokussieren auf Journalisten als Intellektuelle – im Sinne Karl Mannheims als „freischwebende Intelligentsia" (2005a) – und analysieren die Beziehung zwischen Expertenwissen und Körperlichkeit (2005c). In Spirit and System: Media Intellectuals, and the Dialectic in Modern German Culture (2005a) untersucht er die Beschaffenheit von positiver und negativer Dialektik in der modernen deutschen Kultur. Seine Studie ist auch eine Ethnografie über ostdeutsche Journalisten nach der Wende. Er beschreibt plastisch ihren Umgang mit dem neuen System und ihr „dialektisches Wissen des Zeitgenössischen" (17). Boyer arbeitet dabei heraus, wie sie kritisch die „westlichen Standards des demokratischen Journalismus" (190ff) sowie die „westliche Arbeitspraxis" (220) und die „Philosophie des News Journalismus" (227f) reflektieren.

dere den Einfluss von räumlichen und zeitlichen Praxen des Medienbusiness' auf die Nachrichtenproduktion.
Seine Studie stellt eine Untersuchung der Profession der Auslandskorrespondenten an sich dar, die mittels einer Forschungsmethode, die er selbst als "parachute anthropology"[6] bezeichnet, idealtypische Korrespondenten untersucht. Meine Arbeit ist dagegen eine Fallstudie aus einer der Welten des Journalismus'. Sie untersucht so genauer die journalistische Praxis in einem spezifischen „Vermittlungslabor" beziehungsweise einem Ort der Wissensproduktion. Durch den Fokus auf die translokalen Verbindungen vernachlässigt Hannerz meines Erachtens die Interaktion der Journalisten mit lokalen Anspruchsgruppen und ihre Repräsentationen der eigenen Praxis. Diese Aspekte erscheinen mir aufgrund ihres strukturierenden Einflusses auf die Nachrichtenproduktion allerdings äußerst wichtig, weshalb sie in meiner Arbeit im Vordergrund stehen.

1.3 Aufbau

In *Kapitel 2* wird in einem kurzen Profil *Al-Jazeeras* zunächst die Verortung und Entstehungsgeschichte des Senders beleuchtet. Ich beschreibe die Korrespondentenbüros in Berlin und Paris in Hinblick auf die Themen ihrer Berichterstattung und zeige ihre Selbstverortung in der europäischen Korrespondentenlandschaft von *Al-Jazeera*. Um die spezifischen lokalen Bedingungen aufzuzeigen, wird daran anschließend die Rolle der Büros im lokalen medialen Feld Deutschlands beziehungsweise Frankreichs verglichen.
Nach dieser Einleitung in mein Forschungsfeld erläutere ich in *Kapitel 3* die an Rabinow angelehnte theoretische Perspektive der Arbeit und kläre die verschiedenen Dimensionen des Ethikbegriffs. Eine Anwendung dieser Begriffe in Bezug auf die Institution *Al-Jazeera* wird dann in *Kapitel 4* vorgenommen. Es dient dazu, den Ethikkodex und das institutionellen Ethos *Al-Jazeeras* noch einmal gesondert zu analysieren. Dabei wird zu zeigen sein, wie das institutionelle Ethos des Senders in einem wechselseitigen Prozess von Repräsentation und Rezeption hergestellt wird. Hiermit schließt der einleitende Teil meiner

6 Mit "parachute journalists" werden Journalisten bezeichnet, die wie ein Fallschirmspringer an einem Ort „abgeworfen" werden und ohne besondere Kenntnisse der lokalen Gegebenheiten über ein Ereignis o. ä. berichten. (Hannerz 2006: 11)

Arbeit. Anhand meines Feldforschungsmaterials arbeite ich in den nächsten beiden Kapiteln dann die ethischen Dimensionen der journalistischen Praxis bei *Al-Jazeera* Berlin und Paris heraus:

Das *Kapitel 5* hat zum Ziel, die journalistische Praxis in Hinblick auf das Spannungsverhältnis zwischen Repräsentanzansprüchen der arabischsprachigen Community, Professionalitätsansprüchen und professioneller Ethik zu analysieren. Ich frage danach, wie die Korrespondenten mit den latenten Widersprüchlichkeiten in ihrer alltäglichen Arbeitspraxis umgehen, die sich daraus ergeben, dass sie einerseits als Repräsentanten der arabischsprachigen Community wahrgenommen werden und sich andererseits dem journalistischen Wert der Unparteilichkeit verpflichtet fühlen.

In *Kapitel 7* steht dagegen die Arbeitspraxis der Journalisten von *Al-Jazeera* hinsichtlich ihrer Tätigkeit als Auslandskorrespondenten im Sinne von Übersetzern im Vordergrund. Wie ist die Perspektive zu beschreiben, mit der sie die Ereignisse in Deutschland und Frankreich wahrnehmen? In welchen Wissensmodus übersetzen sie diese? Ihren Umgang mit den ethischen Implikationen der (kulturellen) Übersetzung und ihr spezifisches Übersetzungsethos zu zeigen, ist das Anliegen dieses Kapitels.

Im Exkurs (*Kapitel 6*), der zwischen den beiden Teilen angesiedelt ist, reflektiere ich anhand einer Interviewsituation meine Position im Feld – als Ethnologin aus Deutschland bei arabischen Journalisten – und analysiere sie als Begegnung zwischen den Wissenspraxen Journalismus und Ethnologie.

In der Schlussbetrachtung fasse ich dann die wesentlichen normativen Dimensionen in der journalistischen Praxis noch einmal zusammen. Abschließend stelle ich wesentliche Forschungsperspektiven, die sich durch die vorliegende Arbeit eröffnen, dar.

Anmerkungen zur Umschrift

Für arabische Termini wurde eine vereinfachte Umschrift verwendet. Die latinisierte Form der arabischen Namen der Korrespondenten wurden entsprechend der von ihnen selbst verwendeten Schreibweise angegeben.

2 *Al-Jazeera* im Profil

Today the channel that sent shockwaves through the whole Arab world from its very first day on air has become a global name which people, governments and decision makers cannot afford to ignore. (Al-Jazeera: "About Al-Jazeera")[7]

Al-Jazeera ging 1996 als reiner Nachrichtensender in arabischer Sprache auf Sendung. Der in Katar stationierte Sender war damit der erste arabische Satellitensender und eine Neuheit in der arabischen Welt. Im Gegensatz zu den meisten arabischen Fernsehsendern ist *Al-Jazeera* kein nationaler Regierungssender, sondern bis zu einem gewissen Grad unabhängig. In Format und Berichterstattung orientiert sich *Al-Jazeera* an den großen internationalen Nachrichtensendern und übt großen Einfluss auf die politische Diskussion in der arabischen Welt aus. Als erstem Sender gelang es *Al-Jazeera* das westliche Medienmonopol im Newsjournalismus in der arabischen Welt zu brechen. Durch all diese Merkmale besitzt der Sender in der arabischen Welt heute eine hohe Glaubwürdigkeit, und seine Form des Journalismus' beeinflusst dort die Art der Berichterstattung und Arbeit von Journalisten. Neben den Nachrichten- und Informationssendungen gehören Talkshows und Diskussionssendungen sowie Dokumentationen zum Sendeprogramm *Al-Jazeeras*.

In diesem knappen Profil des Senders möchte ich auf seinen Entstehungskontext eingehen und sowohl Finanzierung als auch Wurzeln des journalistischen Stils thematisieren. *Al-Jazeeras* Ethikkodex sowie das Ethos der Institution werden in Kapitel 4 noch genauer analysiert.

[7] In: http://www.english.aljazeera.net/NR/exerces/, abgefragt am 10.10.2006.

2.1 *Al-Jazeera* in Katar: Verortung und Entstehungsgeschichte(n)

Al-Jazeera, Qatars's loudest voice (El-Nawawy 2002: 74)

Al-Jazeeras Hauptsitz ist in Doha, der Hauptstadt von Katar. Das Königreich Katar mit inzwischen schätzungsweise 1.450.000 Einwohnern[8] liegt auf der arabischen Halbinsel am Persischen Golf und grenzt an Saudi-Arabien und die Vereinigten Arabischen Emirate. 1971 wurde der Staat, der bis dato unter britischem Protektorat stand, unabhängig. Katar ist heute eine Monarchie und die Regierung wird von der Al-Thani Familie geleitet. 1995 stürzte der 35-jährige Hamad bin Khalifa al-Thani in einem „friedlichen Staatsstreich" die Regierung seines Vaters und versprach daraufhin mehr Demokratie sowie größere politische Offenheit (El-Nawawy 2002: 72f).[9] Ein Regierungsprojekt des neuen Emirs war das Medienunternehmen *Al-Jazeera*. Über die (politischen) Gründungsmotive des Senders bestehen diverse Spekulationen: Vermutet wird, dass *Al-Jazeera* einen Gegenpol zum Medienmonopol Saudi Arabiens bilden sollte.[10] Auch über einen innenpolitischen Kompromiss in Katar – in dem Sinne, dass der Sender die Liberalen und Panarabisten, die Regierungspolitik aber die Konservativen zufrieden stellen sollte – wird spekuliert (vgl. Mikhlafy 2006: 62). Die Regierung betonte allerdings die Unabhängigkeit des Senders. Als allgemeinen Arbeitsrahmen für den Sender legte der Staat von Katar fest: *Al-Jazeera* soll ein „freier Sender" sein, „im Namen aller Araber" sprechen und „alle Probleme der Araber und Muslime" (nach Mikhlafy 2006: 72) darlegen; weder von der katarischen Regierung noch von einer anderen Seite soll Druck auf den Sender ausgeübt und stattdessen seine Neutralität gefördert werden. Auch der Emir Khalifa al-Thani selbst hob die nötige Unabhängigkeit des Senders sowie dessen angestrebte größtmögliche Professionalität hervor (ebd.).

[8] Stand August 2008, laut Bericht der Zeitung *Peninsula* (http://thepeninsulaqatar.com/Display_news.asp?section=Local_News&subsection=Qatar+News&month=August2008&file=Local_News200808 2224553.xml, abgefragt am 14.11.2008), im Gegensatz zu noch 740.000 Einwohnern im Jahr 2004 (http://www.planning.gov.qa/Qatar-Census-2004/pubulation-eng/Tabels/Pubulation/T01.htm).

[9] 1999 wurden die ersten Kommunalwahlen abgehalten, in denen auch Frauen das Wahlrecht innehatten und kandidierten.

[10] Saudi Arabien wiederum startete 2003 als mediale Gegenoffensive zu *Al-Jazeera* den Nachrichtensender *Al-Arabiyya*.

Finanzierung

Der junge Emir unterstütze *Al-Jazeera* zunächst mit einer finanziellen Starthilfe von ca. 130-150 Millionen Dollar. Geplant war, dass der Sender im Laufe von fünf Jahren bis zum November 2001 durch Werbeeinnahmen finanziell selbsttragend sein sollte (El-Nawawy 2002: 33f, Al-Mikhlafy 2002: 102). Umstritten ist dabei nicht ob, sondern in welchem Maß der Sender nach Ablauf dieser Fünf-Jahres-Frist weiter finanziell von der Regierung unterstützt wird.[11] *Al-Jazeera* vermag sich in jedem Fall noch nicht völlig eigenständig zu finanzieren. Trotz der hohen Popularität des Senders fallen die Werbeeinnahmen relativ niedrig aus, da arabische Unternehmen aufgrund der kritischen Berichterstattung über arabische Regierungen davor zurückschrecken auf *Al-Jazeera* zu werben und große multinationale Konzerne teilweise dem Druck aus Saudi-Arabien weichen (El-Nawawy 2002: 34, Al-Mikhlafy 2006: 105f, Schleifer 2005). Die Haupteinnahmequellen für *Al-Jazeera* sind vor allem der Verkauf von Nachrichten und Bildmaterial, Abkommen mit anderen Medienunternehmen und Abonnementsgebühren. Heute ist der Status des Senders vielleicht am ehesten als eine Art „öffentlich-rechtliche" Kooperation zu beschreiben (Al-Mikhlafy 2006: 109).
Die Frage der Glaubwürdigkeit des Senders wird oft über diesen Aspekt der Finanzierung verhandelt. Mitarbeiter von *Al-Jazeera* und Regierungsvertreter betonen zwar den privaten Charakter des Unternehmens und die Unabhängigkeit von der Regierung – festzustellen ist allerdings, dass viele Mitglieder des Vorstands hohe Positionen in der Regierung innehaben (Mikhlafy 2006: 103).

Journalistische Wurzeln und Stil

Die Entstehungsgeschichte steht nicht nur mit innenpolitischen Veränderungen in Katar, sondern auch mit dem gescheiterten Projekt eines arabischen Fernsehdienstes der *BBC* und dem in Rom stationierten saudischen Medienkonzern *ORBIT*[12] in Zusammenhang. *Al-Jazeera* ist zwar kein reines Nachfolgeprojekt dieses Vorhabens, doch stammt der Großteil der ersten Mitarbeiter-

[11] Nach El-Nawawy/Iskandar (2002a) wird der Sender weiter mit jährlich 100 Millionen Dollar unterstützt, Al-Mikhlafy (2006) spricht von 30 Millionen Dollar.

[12] Das Projekt ist wegen der Zensur durch Saudi-Arabien nicht über seine Testphase hinausgekommen; die Finanzierung wurde zurückgezogen (vgl. Al-Mikhlafy 2006: 65).

innen und Mitarbeiter (ca. 70%) aus dem arabischen Dienst der *BBC*. Die Journalisten und Redakteure brachten so ihr zuvor erworbenes, professionelles Know-how bei *Al-Jazeera* ein. Abdallah Schleifer[13] von der American University in Cairo schätzt diesen Umstand als einflussreich für den äußeren wie inhaltlichen Stil *Al-Jazeeras* ein:

[This recruitment] has ensured Al-Jazeera an incredibly sophisticated studio look and an approach that reflects BBC World Service tradition of a far more serious journalism, far more field reports or "packages", than the at times glitzy but usually more shallow quality of CNN's coverage. (Schleifer: 2001)

Das „westliche Format" des Senders wird in der Literatur zu *Al-Jazeera* häufig positiv betont und beispielsweise als "rather forward-thinking approach to Arabic-language television news" (Douglas 1999: 187) beschrieben. Auch in der Eigenwahrnehmung des Senders spielt die *BBC* als journalistisches Vorbild eine Rolle. So äußerte der ehemalige Generaldirektor Mohammed Jassim Al-Ali im Interview mit Al-Mikhlafy:

Of course we came with our own ideas and our own perspective. But with regard to these two channels, the background came from the BBC more than CNN; we are closer to their ideas and the rhythm of the reports of BBC. Al-Jazeera, from idea to the launch, was built from a staff coming from Arab countries. Maybe they had experience working with Western media – they're ex-BBC, ex-US media – but all are Arabs. So they take the professional experience from the BBC, but their backgrounds as Arabs means we can adopt this experience and apply it to the Arab world. We know the mentality of the Arabs – but we also want the expatriate Arab audience, who are used to Western media. (Al-Mikhlafy 2006: 67f)

Obwohl „westliche Medien" nach Al-Ali als Vorbild für die Professionalität des journalistischen Arbeitens fungieren, betont er den arabischen Hintergrund der Journalisten aufgrund dessen sie die Erfahrungen der *BBC* für die arabische Welt anwenden könnten. Al-Ali beschreibt hier einen Transfer von

[13] Schleifer ist Chefredakteur der Online-Zeitschrift Arab Media & Society (bis 2005 unter dem NamenTelevision and Broadcasting Studies), http://www.arabmediasociety.com/.

professionellem Wissen. Die Argumentationsstruktur, Ähnlichkeiten mit anderen großen Medienanstalten, insbesondere der *BBC*, herzustellen und dabei gleichzeitig das „Eigene" zu betonen, lässt sich auch in meinem Feld wiederfinden.

Als ein weiteres Merkmal *Al-Jazeeras* (sowohl in den Beschreibungen von außen als auch in der Selbstpräsentation) ist die große professionelle Vielfalt bei der Zusammensetzung des Teams und ihr gleichzeitig gemeinsamer „Hintergrund als Araber" zu nennen. Eine Mehrheit der Mitarbeiterinnen und Mitarbeiter ist arabischer Herkunft, wurde aber in den verschiedensten Ländern ausgebildet und verfügt so über unterschiedliche journalistische Hintergründe und Stile. Auch eine Vielzahl von politischen und religiösen Ansichten ist innerhalb der Mitarbeiterschaft vertreten, so dass ein Journalist *Al-Jazeeras* die Arbeitsweise des Senders folgendermaßen beschreibt:

It is a mixture of the tribal with the urban, the Eastern with the Western, the leftist with the rightist, and the religious with the secular. (Fouad nach Mikhlafy 2006: 67)

Diese innere Vielfalt und Offenheit trägt der Sender in seiner Selbstpräsentation auch nach außen:

Our team of dedicated journalists with their multi-national education and diversified backgrounds share a common set of attributes: objectivity, accuracy, and a passion for truth,

so die offizielle "About *Al-Jazeera*"-Website des Senders.[14]

Korrespondentennetz

Nachdem sich *Al-Jazeera* zunächst auf den Aufbau eines Korrespondentennetzwerkes in den arabischen und islamischen Ländern konzentriert hatte, wurden daraufhin auch in anderen Regionen Korrespondentenbüros eröffnet: zunächst in London, Washington und New York, entsprechend der anglophonen Ausrichtung des Senders. Inzwischen unterhält *Al-Jazeera* in fast allen

[14] In: http://www.english.aljazeera.net/NR/exerces/, abgefragt am 10.10.2006.

wichtigen politischen Metropolen Korrespondentenbüros (vgl. Al-Mikhlafy 2006: 79-84).

Im Gegensatz zu den meisten großen europäischen und nordamerikanischen Nachrichtensendern werden von *Al-Jazeera* in der Regel Journalisten[15] eingestellt, die bereits in dem entsprechenden europäischen Land leben und ausgebildet worden sind. Von dort aus berichten sie als "long timer" (vgl. Hannerz 2005: 82) und wechseln nicht, wie bei anderen Sendern üblich, alle drei bis vier Jahre das Land. Damit ist sichergestellt, dass sie die Situation und Strukturen vor Ort gut kennen sowie die Landessprache sprechen.[16] Eine wichtige Zugangsvoraussetzung für Korrespondenten von *Al-Jazeera* ist aber dennoch, dass sie in einem arabischen Land geboren und aufgewachsen sind.[17]

Im Mittelpunkt der Arbeit der Europakorrespondenten stehen, wie bei allen großen Nachrichtensendern, die „News". Ähnlich wie bei der *BBC* und der *CNN* auch, dominieren in der Berichterstattung die politischen Topthemen. Die meisten Beiträge werden daher für die Nachrichtensendungen produziert – entsprechend des international standardisierten Formats sind das zweieinhalb- bis dreiminütige Berichte. Daneben werden aber auch unterschiedliche Features produziert, wie für die Korrespondentensendung bei *Al-Jazeera* „al-Murasilun" (dt. Die Korrespondenten), in der einmal wöchentlich Beiträge über kulturelle oder historische Spezifika der jeweiligen Länder gesendet werden.[18]

[15] In Europa sind alle Korrespondenten männlich. In der arabischen Welt arbeiten dagegen auch etliche Journalistinnen für *Al-Jazeera*.

[16] Eine meiner Ausgangsthesen war, dass durch diese Strukturen Vermittlung gefördert wird. Diese gilt es im Laufe der Arbeit noch zu überprüfen.

[17] Diese spezifische Einstellungspolitik erklärt die Berliner Produzentin Dalila Nadi auch damit, dass der Sender damit spare, denn für ins Ausland gesandte Korrespondenten müssen immer zusätzliche Kosten gezahlt werden (Gespräch mit Dalila Nadi im Januar 2006).

[18] Bis Anfang 2006 waren längere Beiträge von elf bis fünfzehn Minuten möglich, dann wurde die Beitragslänge auf fünf Minuten beschränkt. Zum Ende des Jahres wurde die Sendung ganz eingestellt. In der neuen Sendung „Dieser Abend" (hadha-l-masa') werden nun täglich Beiträge von vier bis fünf Minuten gesendet.

2.2 Die Korrespondentenbüros in Berlin und Paris

Al-Jazeera Berlin

Was ist an Deutschland von außen betrachtet so interessant? Es ist ein großes Land in Europa, was die Einwohnerzahl anbelangt, das größte innerhalb der EU. Es ist wirtschaftlich die Nummer eins in Europa, Deutschland als Industrienation. Das andere ist die interessante Geschichte, von außen betrachtet, der Nationalsozialismus, die Mauer, die zwei Staaten in Ost- und Westdeutschland und die Wiedervereinigung. Das sind so die Eckdaten, die in jedem Kopf außerhalb Deutschlands existieren. Und jetzt die WM. Das ist der beste Botschafter für Deutschland, alles blickt jetzt auf Deutschland, und Deutschland wird jetzt bekannter als vor der WM. (Aktham Suliman[19], Büroleiter Berlin)[20]

Das Berliner *Al-Jazeera*-Büro wurde 2002 eröffnet. Wobei die Bezeichnung Büro für diesen Zeitpunkt wohl noch übertrieben ist, denn es gab weder feste Räumlichkeiten noch die nötige technische Ausstattung. Der jetzige Büroleiter Aktham Suliman stellte seine Beiträge zunächst in einem provisorischen Büro beim ZDF fertig.[21] Er hatte sich auf eine Anzeige von *Al-Jazeera* in einer deutschen Zeitung für diesen Posten beworben und leistet seit 2002 einen Großteil der Entwicklung der Berlinkorrespondenz. So ist aus dem Provisorium inzwischen ein richtiges Büro in Berlin Mitte geworden: im 16. Stock eines großen Bürogebäudes am Bahnhof Friedrichstraße, in der Nähe des Regierungsviertels, mit Blick über den Osten der Stadt.

Wie im einleitenden Zitat des Büroleiters deutlich wird, ist Deutschland besonders aufgrund seiner wirtschaftlich und demografisch prominenten Rolle in Europa auch für die arabische Welt von Bedeutung und somit für die Berichterstattung von *Al-Jazeera*.[22] Aber auch die guten Wirtschaftsbeziehungen zwischen Deutschland und Teilen der arabischen Welt, die Rolle Deutsch-

---

[19] Während ich die Journalisten und auch Produzenten ich in meiner Arbeit bei ihrem wirklichen Namen nenne, habe ich die Namen der Mitarbeiterinnen und Mitarbeiter im Berliner wie Pariser Büro alle anonymisiert, da sie nicht wie die Journalisten als öffentliche Personen gelten können.

[20] Interview am 3.07.2006.

[21] Es bestand ein Kooperationsvertrag zwischen *Al-Jazeera* und dem *ZDF*. Dem *ZDF* wurde dabei Zugang zum Bildmaterial von *Al-Jazeera* ermöglicht, was besonders zur Zeit des Irakkriegs im Jahr 2003 von Interesse war.

[22] Im Zitat drückt sich auch seine spezifische Perspektive zwischen Innen- und Außenblick aus, auf die ich in Kapitel 7 noch detaillierter eingehen werde.

lands in der EU und insbesondere die Positionen, die in der Irakfrage gegenüber den USA bezogen wurden, seien Gründe für das wachsende Interesse an Deutschland, so die Produzentin Dalila Nadi.[23]
Die Berichterstattung des Berliner Büros begleitet heute in erster Linie die Bundespolitik: Bundestagswahlen, Deutschlandbesuche ausländischer Staatspräsidenten und andere außenpolitisch relevante Ereignisse. Besonderes Interesse gilt den Themen, die im deutsch-arabischen Zusammenhang stehen. Wenn keine größeren tagespolitischen Ereignisse anstehen, wird auch ein weites Spektrum von historischen bis kulturellen Themen abgedeckt und das Büro produziert diverse Kurzreportagen.[24] Die Aktivitäten arabischer und muslimischer Personen und Gruppierungen in Deutschland sind ebenfalls von Bedeutung in der Berichterstattung, denn so Aktham Suliman:

Es ist eine Spezifik der Berichterstattung Al-Jazeeras, den Blick mehr in Richtung Araber und Muslime in Europa zu lenken. Man kann nicht einmal sagen Minderheit, die Leute, die hier leben, Migranten der zweiten, dritten, vierten Generation. Ein typisches Beispiel dafür ist der Beitrag über die arabische Wählerschaft und den arabischen Kandidaten, die eigentlich keine Rolle spielen als solches bei den Wahlen. Aber für uns Al-Jazeera ist es schon interessant zu wissen, was die Araber hier machen.[25]

In größeren zeitlichen Abständen werden auch einzelne längere Reportagen für *Al-Jazeera* produziert, wie beispielweise über Neonazis in Deutschland von Husam Chadat (2005). Je nach Bedarf und „Newslage" übernimmt das Berliner Büro zudem auch die Berichterstattung aus angrenzenden Ländern Deutschlands, wie Polen und den Niederlanden. Darüber hinaus ist Aktham Suliman der Spezialist für iranische Atompolitik bei *Al-Jazeera*, und so deckt das Büro unter anderem auch die Berichterstattung über die Versammlungen der Internationalen Atomenergieorganisation (*IAEA*) in Wien ab.
Zum Team von *Al-Jazeera* gehören neben dem Büroleiter zwei Sekretärinnen, eine Produzentin, zwei Kameramänner und seit Sommer 2005 auch ein weiterer Korrespondent. Alle außer dem Büroleiter haben lediglich eine halbe Stelle

23 Im Gespräch im Januar 2006.

24 2006 beispielsweise zu Alternativer Medizin in Deutschland oder dem Bau des Lehrter Stadtbahnhofs.

25 Interview am 3.07.2006. Auf dieses „typische Beispiel" werde ich in 5.3 noch genauer eingehen.

inne.[26] Das Büro gehört somit eher zu den kleinen *Al-Jazeera*-Korrespondenzen.[27]

Der Büroleiter Aktham Suliman ist 19-jährig aus Syrien nach Deutschland gekommen und seit 1989 in Berlin, wo er Publizistik, Politologie und Islamwissenschaft studierte. Während seiner Studienzeit arbeitete er für das Uniradio und schrieb für deutsch-arabische Zeitungen. Vor seiner Tätigkeit für *Al-Jazeera* hatte er unter anderem über vier Jahre beim arabischen Dienst der *Deutschen Welle* und zwei Jahre für *Abu Dhabi TV*[28] als Korrespondent journalistische Erfahrungen gesammelt. Kurz nachdem er die Arbeit für *Al-Jazeera* in Deutschland aufgenommen hatte, wurde er während des Irakkrieges als Journalist im Irak eingesetzt. Der zweite Korrespondent Husam Chadat, kam 1993 ebenfalls aus Syrien zum Studieren nach Deutschland. Während seines Studiums an der Hochschule für Film und Fernsehen in München produzierte er einige Spielfilme, nach seinem Abschluss arbeitete er dann unter anderem bei *PRO 7* sowie kurz bei der *ARD*.[29] Die Produzentin Dalila Nadi ist Deutsch-Algerierin und studierte in Berlin Chinesisch und Volkswirtschaft.[30] Auch die Mehrheit der weiteren Mitarbeiterinnen und Mitarbeiter von *Al-Jazeera* Berlin hat einen arabischen Hintergrund und spricht sowohl Arabisch als auch Deutsch. So stammen auch die Sekretärin Salma Baroudi und der Kameramann Maher Saeb aus Syrien, die zweite Sekretärin Samia Fayyad ist eine in Deutschland geborene Palästinenserin. Lediglich der weitere Kameramann Nikos Tzermias, ein Deutsch-Grieche, spricht kein arabisch.[31] Im Büro wird hauptsächlich auf Arabisch und Deutsch kommuniziert.[32]

[26] Ich beschreibe hier den Stand von Oktober 2005, der Zeit meines Praktikums. Inzwischen (Stand Januar 2009) hat auch der zweite Korrespondent eine volle Stelle und es arbeiten zeitweise zwei Produzentinnen für das Berliner Büro.

[27] In Europa bestehen eine ganze Reihe von Büros und die europäischen Außenstellen neben Berlin und Paris sind heute: London, Brüssel, Istanbul, Moskau (und bis 2005 auch Madrid). London gehört zu den wichtigsten Büros in Europa und war das erste Europabüro des Senders. Das Berliner Büro versucht sich seit seiner Gründung gegenüber den schon älteren und technisch und personal besser ausgestatteten Büros in London und Paris zu profilieren. Neben den festen Büros hat der Sender in Oslo (für Skandinavien), Sarajevo (für den Balkan) und Madrid jeweils einen Korrespondenten.

[28] Seit 2000 bestehender Fernsehsender, mit Hauptsitz in den Vereinigten Arabischen Emiraten.

[29] Mit der Einstellung von Husam Chadat, fiel die Wahl auf einen ebenfalls „laizistisch" orientierten Syrer, womit die Ausrichtung des Büros aufrechterhalten wurde.

[30] Parallel zu ihrer Doktorarbeit am *Zentrum Moderner Orient* in Berlin arbeitet bei *Al-Jazeera*.

[31] Maher Saeb spricht kaum deutsch und kommuniziert deswegen mit dem anderen Kameramann auf Englisch.

[32] Die Atmosphäre im Büro habe ich während meines Praktikums und der darauffolgenden Besuche als mehrheitlich kollegial, wenn auch klar hierarchisch gegliedert empfunden. Aktham Suliman ist der „Chef", der den Gestus dieser Rolle verinnerlicht hat und Autorität ausstrahlt. Überrascht hat mich aber immer wieder der unkonventionelle Umgang miteinander. Zunächst duzen sich alle Mitarbeiter und sprechen sich mit Vornamen

Al-Jazeera Paris

Das Pariser Büro befindet sich im 14. Stock des Tour Montparnasse. Wie auch in Berlin blickt man aus dem Pariser Büro über die Stadt: ein Setting, das den Überblick über die Geschehnisse im Lande geradezu symbolisch veranschaulicht. Von seiner Ausstrahlung wirkt das Büro um Jahre älter und „gesetzter" als das in Berlin, obwohl es 2000, also lediglich zwei Jahre früher, eröffnet wurde. So sind im Eingangsbereich einige große glasgerahmte Fotos, die meisten vom Büroleiter Michel al-Kik, angebracht,[33] und im Arbeitsraum hängen viele kleine Gruppenbilder von *Al-Jazeera*-Mitarbeitern aus Paris und von Versammlungen aus Doha. Über diese Bilder präsentiert sich die Pariser Korrespondenz als geschichtsträchtiges Büro mit bedeutenden Journalisten, allen voran der Büroleiter. Diese Formen der Selbstrepräsentation sind in Berlin nicht zu finden, wo im Empfangszimmer lediglich ein großer Stadtplan an der Wand hängt.

Die spezifische Atmosphäre des Büros hängt auch mit dessen Selbstverständnis zusammen. Wenn die Journalisten über ihre Arbeit sprechen, wird mit einer Selbstverständlichkeit die Relevanz dessen, was in Paris geschieht, präsentiert.[34] Als ich den Büroleiter Michel al-Kik nach der Rolle des französischen Büros bei *Al-Jazeera* befrage, antwortet er:

Da die französische Politik auf der internationalen Bühne sehr dynamisch und aktiv ist, kam die Entscheidung zustande ein Pariser Büro zu gründen. Auch die hier anwesende arabischsprachige Community spielte dabei eine Rolle, insbesondere die maghrebinische und muslimische Community in Frankreich, die sechs bis sieben Millionen Menschen zählt. Dazu noch die afrikanische und nordafrikanische Community [...] Hier findet man

---

an, was den meist freundlichen Umgang bestärkt, aber im arabischen Umfeld auch normal ist. Übereinander Witze machen, das Erzählen von persönlichen Anekdoten oder Problemen und Klagen über den Stress fließen mit in den Arbeitsalltag ein, und angesetzte Teambesprechungen können schon mal beim Pizzaessen in der Küche stattfinden – ohne dass die Professionalität in der konkreten Arbeitspraxis beeinträchtigt wird.

33 Sie zeigen Michel al-Kik in seiner Zeit als er für *Radio Oriental Moyen Orient* (französisch-arabischer Radiosender) arbeitete, wie er hinter einer Presseabsperrung lachend in die Kamera schaut, ein anderes mit einer Gruppe von *Al-Jazeera*-Mitarbeitern, auf einem weiteren steht er gebeugt über den Pariser Produzenten Youssef Daccache, der am Computer sitzt.

34 So stellten mir die Pariser Journalisten während meines Forschungspraktikums so kaum Fragen zum Berliner Büro und dessen Arbeit. Es schien, als würden sie kaum von deren Beiträgen Notiz nehmen. Aktham Suliman als Journalist war dagegen allen gut bekannt. Durch den gesicherten Platz des Pariser Büros in der europäischen Korrespondentenlandschaft und eine ausreichend gesicherte Personaldecke steht der Vergleich mit anderen Büros nicht zur Debatte.

eine Art arabische Diaspora aus der gesamten arabischen Welt. Paris ist wichtig, weil wir viele Ereignisse und Informationen abdecken, die diese Community betreffen.[35]

Frankreichs koloniale Vergangenheit, insbesondere in den Maghrebstaaten, und seine Rolle als „internationaler Akteur" führen zu einer wichtigen Position der „News" aus Frankreich bei *Al-Jazeera*. Das Büro deckt so die politischen Topthemen der Innen- wie Außenpolitik Frankreichs relativ umfassend ab. Besuche prominenter arabischer Politiker, die für diplomatische und internationale Treffen nach Paris reisen – wie beispielsweise während meiner Praktikumszeit Mahmoud Abbas – sind Ereignisse mit hohem Nachrichtenwert. Die, wie Michel al-Kik sie bezeichnet, „arabischsprachige Community" im Land spielt darüber hinaus eine ganz besondere Rolle in der Berichterstattung des Büros. Paris lässt sich mit Nicolas Beau (1995) als eine „arabische Hauptstadt" beschreiben: viele arabische Migranten leben hier, und die Stadt ist ein europäisches Zentrum der arabischen Intellektuellen.

Im Pariser Büro arbeiten drei Korrespondenten und ein Produzent, die alle jeweils eine volle Stelle besetzen. Daneben gehören die Sekretärin Eliane Chehab und der fest angestellte Kameramann Elie Naccache, die beide schon seit der Eröffnung des Büros mit dem Büroleiter Michel al-Kik bei *Al-Jazeera* arbeiten, und drei weitere als Freelancer arbeitende Kameramänner zum Team von *Al-Jazeera* Paris.[36] Auch im Pariser Büro hat ein Großteil der Mitarbeiterinnen und Mitarbeiter einen arabischen Migrationshintergrund, wobei die meisten aus dem Libanon stammen: Sowohl Michel al-Kik, der Produzent Youssef Daccache, die Sekretärin, der fest angestellte Kameramann als auch der Buchhalter sind maronitische Libanesen. Dies lässt sich auf eine spezifische Einstellungspolitik des Büroleiters zurückzuführen und verweist auf seine Loyalitäten zu Menschen mit demselben ethnisch-religiösen Hintergrund.[37] Der zweite Korrespondent Ayache Daraji und der (zu meiner Forschungszeit im April 2006) gerade neu eingestellte Korrespondent Noureddine Bouziane stammen beide aus Algerien und leben – mit Unterbrechungen – seit mehreren Jahren in Frankreich. Die weiteren drei Kameramänner haben keinen

[35] Interview Michel al-Kik am 6.05.2006.

[36] Stand Frühjahr 2006.

[37] Mit Blick auf den Libanon selbst, der durch ein Patronage-System und die Dominanz von ethnisch-religiösen Gruppen gekennzeichnet ist, lassen sich hier also starke Parallelen wiederfinden.

arabischen Migrationshintergrund und sind mehrheitlich „weiße" Franzosen. Dass die Kommunikation unter den Korrespondenten meist auf Arabisch verläuft, ist für diese Kameramänner teilweise problematisch, in den konkreten Arbeitssituationen schwankt die Kommunikation aber zwischen Arabisch und Französisch.[38]

Beim Vergleich der professionellen Hintergründe der Korrespondenten von *Al-Jazeera* in Paris zeigen sich ihre professionelle Heterogenität, ihre diversen Zugänge zum Journalismus aber auch ähnliche Muster in den Ausbildungswegen. Auffällig ist, dass keiner der Korrespondenten eine Journalistenschule besucht hat.

Michel al-Kik, der Leiter des Pariser Büros studierte in Beirut arabische Literatur (Arabistik) und Psychologie. Nach seinem Studium begann er 1985 zurzeit des libanesischen Bürgerkrieges beim maronitischen Sender *LBC* (*Lebanese Broadcasting Cooperation*) zunächst in der Redaktion, dann auch als Reporter zu arbeiten. 1990 verließ er den Libanon und ging nach Paris,[39] wo er die Arbeit für den französisch-arabischen Radiosender *Radio Orient* aufnahm: ein Radioprogramm, das sowohl in der arabischen Welt als auch in Frankreich zu empfangen ist.[40] Für diesen Sender arbeitete Michel al-Kik bis das *Al-Jazeera* Büro in Paris gegründet wurde und er dessen Leitung übernahm.

Youssef Daccache, der Produzent von *Al-Jazeera* Paris, stammt ebenfalls aus dem Libanon und ist seit 1975 in Frankreich. Vor seiner Arbeit für *Al-Jazeera* war er zunächst wie Michel al-Kik für den Radiosender *Radio Orient* und dann für verschiedene Fernsehsender (u. a. für das *Middle East News Network*) tätig. Drei Jahre lang war er Produzent und Redakteur für die „Auslandsnachrichten" bei *Al-Jazeera* in Doha und produzierte die Nachrichtensendung mit.

Ayache Daraji, der zweite Korrespondent in Paris, studierte in Algerien und Frankreich Pharmazie und arbeitete parallel dazu im Journalismusbereich, zunächst in den Printmedien dann auch für das Fernsehen. Er war bereits zwei Jahre bei *Euronews* tätig, danach für eine Produktionsfirma für Dokumentar-

[38] Auch für mich stellte dies teilweise ein Problem in der Forschung dar, da ich nicht alles verstehen konnte. Je „heikler" die Themen wurden, desto mehr und schneller wurde (teilweise dialektales) Arabisch gesprochen – so mein Eindruck (vgl. auch Exkurs).

[39] Eine ganze Generation von Journalisten ist laut Nicolas Beau während des libanesischen Bürgerkriegs von Beirut nach Europa gegangen. Er bezeichnet Paris und London als Zentren der „Diaspora arabischer Journalisten" (vgl. Beau 1995: 151).

[40] Radio Orient wurde seit seiner Gründung 1983 vom ehemaligen libanesischen Ministerpräsidenten Rafiq Hariri finanziert. Der Sender wird umgangssprachlich auch als „Hariri-Sender" bezeichnet. Bei Radio Orient arbeiten überwiegend maronitische Libanesen.

filme. Seit 1999 arbeitet er bei *Al-Jazeera*, zunächst als Journalist und Redakteur in Katar und seit 2001 als Korrespondent im Pariser Büro.

Noureddine Bouziane, der dritte Korrespondent, begann im März 2006 seine Arbeit bei *Al-Jazeera* Paris. Zuvor war er sechs Jahre lang Büroleiter der Pariser Korrespondenz von *Abu Dhabi TV*. Noureddine Bouziane hat sowohl in Algerien als auch in Frankreich studiert. Er schrieb seine Doktorarbeit über Sattelitenfernsehen in den Medienwissenschaften an der Universität Sorbonne.

2.3 *Al-Jazeera* im medialen Feld Deutschlands und Frankreichs

Unter einem medialen Feld verstehe ich hier ein national gerahmtes Medienfeld, in dem verschiedene Medienakteure miteinander konkurrieren und spezifische Aufmerksamkeiten für bestimmte Themen bestehen. Wie das lokale *Al-Jazeera*-Büro beziehungsweise die Korrespondenten von der lokalen Presse Beachtung finden, oder die Journalisten *Al-Jazeeras* sogar selbst aktive Akteure in diesem Feld sind, möchte ich hier vergleichend betrachten. Darin werden die unterschiedlichen medialen Kontexte der beiden Büros deutlich.

Zunächst einmal kommt *Al-Jazeera* im medialen Feld Deutschlands und Frankreichs durch seine politische Brisanz immer wieder Aufmerksamkeit zu. Berichte über die Hintergründe des Senders, insbesondere das kritische Hinterfragen der Berichterstattung über Bin Laden und das Ausstrahlen seiner Videobotschaften, standen lange Zeit im Vordergrund. Allerdings weicht der Grad der Aufmerksamkeit der Presse für die Büros vor Ort in Deutschland und Frankreich voneinander ab.

In den deutschen Medien berichten 2002 und 2003 viele Zeitungen in ihren Druck- oder Internetausgaben über die neue Aktivität des Berliner *Al-Jazeera*-Büros.[41] Dabei stehen die Person Aktham Sulimans – wie er zu *Al-Jazeera* kam, seine konkreten Arbeitsbedingungen (das „Noch-nicht-Büro") – sowie die

[41] So bspw. die *Frankfurter Rundschau* („Berlin aus arabischer Sicht. Aktham Suliman ist Korrespondent des Nachrichtensenders Al-Dschasira / Deutschland ist wichtiger als Paris," 21.10.2002), der *Tagesspiegel* („Das Mikrofon ist nur geborgt. Anti-Bush-Protest und Al-Qaida-Prozess: Wie Al Dschasira aus Berlin berichtet," 31.10.2002), die *Süddeutsche Zeitung* („Al Dschasira Korrespondent: Ich will nicht in die Multi-Kulti-Ecke: Der Syrer Aktham Suliman ist Korrespondent für Al Dschasira in Berlin und muss sich als Einzelkämpfer bewähren," 10.12.2002), *Deutsche Welle* („Vor Ort für *Al-Jazeera*," 27.10.2002), *Die Welt* („Deutschlands Stimme in Nahost: Ein Besuch bei Aktham Suliman, Korrespondent des arabischen Senders Al Jazeera," 26.02.2003) und *Neues Deutschland* („Alles, was Araber interessieren könnte: Nachrichtensender Al Dschasira holt im Wettlauf mit CNN und BBC auf," 21.03.2003).

kontroversen Meinungen über *Al-Jazeera* und das Bild des „arabischen *CNN*" im Vordergrund. Neben dem anfänglichen Interesse an den lokalen Aktivitäten *Al-Jazeeras* wird Aktham Suliman im Rahmen dieser Beiträge aber auch allgemein zur Berichterstattung *Al-Jazeeras* interviewt und dabei immer wieder kritisch zur Ausstrahlung der Bin Laden Videos befragt. Er verteidigt die Berichterstattung des Senders dabei in der deutschen Presse. In konfliktreichen Situationen und Diskussionen in den deutschen Medien, wie während des Skandals um die Mohammed-Karikaturen oder die Entführung Susanne Osthoffs, ist Aktham Suliman besonders gefragt[42] und nimmt an verschiedenen TV-Talkrunden teil. So wird er Ende 2005 zur Sendung von Sabine Christiansen mit dem Titel „Folter und Entführung" eingeladen und diskutiert im Februar 2006 bei *Spiegel-TV* zum Thema Karikaturenstreit.[43] Der *Al-Jazeera*-Korrespondent ist in Deutschland in zunehmendem Maß als Experte für die arabische Welt gefragt, um darüber zu berichten, wie bestimmte Ereignisse und Entwicklungen „dort" aufgenommen werden und um Reaktionen zu erklären. Auffällig ist hier allerdings, worauf seine vermeintliche Expertenrolle gründet: Diese bekommt er nicht aufgrund seiner Profession als Journalist zugeschrieben. Vielmehr wird er als Repräsentant für die arabische Welt, als Kenner und Insider zur dortigen Situation und Befindlichkeiten befragt. Und das, obwohl seine professionelle Tätigkeit doch die Berichterstattung aus Deutschland ist, er so gesehen „Deutschlandexperte" ist.[44] Dies verweist auf seine eingenommene Vermittlerrolle, auf die ich in Kapitel 7 noch näher eingehen werde.[45]

Auch in Debatten innerhalb des journalistischen Felds in Deutschland ist Aktham Suliman beteiligt. So nimmt er beispielsweise an einem von den Berliner Journalisten organisierten Streitgespräch über die Mohammed-Karikaturen und Pressefreiheit teil und veröffentlicht in deren Zeitschrift

[42] „Sie sieht sich als entführte Irakerin. Al-Dschasira Korrespondent Aktham Suliman über Susanne Osthoff, ihre Heimat und ihre Geiselnahme," *Der Tagesspiegel*, 28.12.2005; zum Karikaturenstreit: „‚Mich stört die Respektlosigkeit'. Das Thema wird von radikalen Muslimen in der arabischen Welt instrumentalisiert, meint der Al-Dschasira Korrespondent Aktham Suliman," *TAZ*, 02.02.2006.

[43] Darüber hinaus veröffentlichte er zu diesen Themen auch eine Reihe von Kommentaren in deutschen Zeitungen. Beispielsweise in der *Schweriner Volkszeitung* vom 17.02.2006 mit dem Titel „Flächenbrand? Nein, danke!"

[44] Teilweise führt die ihm zugeschriebene Kompetenz aber auch zu absurden Situationen. So erzählte mir Aktham Suliman, dass ihm einmal etwas „Blödes passiert" sei: Als er zu den Anschlägen in Bali interviewt wurde, habe er gesagt, es könnten auch lokale Gruppen und nicht Al-Qaida gewesen sein. Das wäre dann gleich in der Tagessschau gesendet worden, obwohl er doch von dort auch keine Ahnung habe. (Informelles Gespräch mit Aktham Suliman am 21.03.2006)

[45] Siehe hierzu auch den Artikel in *Kuckuck* (Jurkiewicz 2006).

einen Artikel (Suliman 2006). Das macht deutlich, dass ihm auch in der journalistischen Debatte vor Ort eine aktive Rolle zukommt. Da er in Deutschland studiert hat und bereits auch für deutsche Medien tätig war, kann er problemlos an diesen Diskussionen teilnehmen, so meine Schlussfolgerung. Die Beispiele zeigen, dass obwohl die Korrespondenten von *Al-Jazeera* im medialen Feld Deutschlands keine dominierenden Akteure sind, sie dennoch über gewisse Handlungsmöglichkeiten verfügen (vgl. Bastin 2003: 269).

In der Pressemappe des Pariser Büros fällt auf, dass in französischen Printmedien – im Gegensatz zu deutschen – zwar weitaus mehr Artikel über *Al-Jazeera* allgemein veröffentlicht wurden, aber kaum ein Artikel über das Pariser Büro selbst. Lediglich eine Pressemeldung über die Eröffnung des Büros ist vorhanden. Ein anderes markantes Ereignis aber hat es gegeben: Als das Pariser *Al-Jazeera*-Büro einen Beitrag über Rassismus auf Korsika gemacht hat, wurde über deren Berichterstattung auf Korsika auch in der französischen Presse berichtet.

Als Experten oder Insider-Stimmen zu bestimmten Themen werden die französischen *Al-Jazeera*-Journalisten in der französischen Medienlandschaft, im Gegensatz zu den deutschen, nicht gefragt, und eigene Beiträge der Journalisten sind in der französischen Presse nicht zu finden, was auch auf meine Nachfragen hin bestätigt wird. All dies zeigt, dass die französischen Korrespondenten von *Al-Jazeera* weitaus weniger in die französischen Debatten um arabisch konnotierte Themen involviert sind. Wenn überhaupt, dann schreiben sie zusätzlich Artikel für arabische Zeitungen, aber nicht für französische.[46] Da in Frankreich viele arabische Intellektuelle leben, gibt es andere Stimmen, die für „die Araber" beziehungsweise die heterogenen arabischen Communities sprechen (vgl. Beau 1995 und Fabre 1989). Die *Al-Jazeera* Korrespondenten stellen für das französische mediale Feld, ganz im Gegensatz zum deutschen, aus diesem Grund keine Ressource dar. Da weitaus mehr arabischsprachige Menschen in Frankreich leben, ist zu vermuten, dass sie auch ein Teil der innenpolitischen Information über *Al-Jazeera* beziehen. In diesem Sinne ist *Al-Jazeera* als Nachrichtensender selbst ein Akteur im medialen Feld Frankreichs.

So wird auch im politischen Feld der Einfluss des Senders auf die lokale Zuschauerschaft wahrgenommen. Als beispielsweise Phillip de Villier – ein

[46] Ayache Daraji schreibt teilweise Artikel für Zeitungen im „Golf", wie er mir im Interview am 4.05.2006 erzählt.

französischer Politiker der rechten Partei *MPF* (Mouvement pour la France) – ein Buch über die vermeintliche Infiltrierung der Sicherheitssysteme der Pariser Flughäfen durch islamistische Maghrebiner veröffentlichte und darin vor der „Islamisierung“ Frankreichs warnte, wurde er von *Al-Jazeera* Paris um ein Interview gebeten. Diese Interviewanfrage wurde allerdings durch seine Pressesprecherin abgelehnt. Noureddine Bouziane erklärte mir die Absage damit, dass nicht *Al-Jazeera* an sich,[47] sondern das schwierige Thema der Grund sei. „Wenn de Villier sagt: ja, es gibt Islamisierung in Frankreich, und die Leute [Araber in Frankreich] sehen das auf *Al-Jazeera*, ist das nicht gut für ihn. Sagt er allerdings, so ist das nicht gemeint, dann ist es für ihn ein Schritt zurück.“[48] In Noureddine Bouzianes Erklärung wird der lokale Rückkopplungseffekt von *Al-Jazeera* deutlich. In dem Buch de Villiers werden „Maghrebiner“ verdächtigt, islamistisch aktiv zu sein und Terrorismus zu unterstützen. Die lokale französische arabischsprachige Zuschauerschaft gehört tendenziell zu der von de Villier pauschal verurteilten Bevölkerungsgruppe. Seine Interpretation der Interviewabsage lässt auf die Wahrnehmung der Symbolkraft des Senders von politischen Akteuren in Frankreich schließen. Zudem deutet es darauf hin, dass über den Umgang mit dem Sender auch der Umgang mit Menschen arabischen Hintergrunds und dem Islam im Allgemeinen verhandelt wird.

Ein Beitrag lässt sich damit nie nur als losgelöstes Nachrichtenprodukt verstehen, sondern muss immer in Hinblick auf die Wechselwirkungen zwischen *Al-Jazeera* und lokaler Öffentlichkeit betrachtet werden. Insbesondere die Beiträge, die mit der arabischsprachigen Community in Frankreich in Zusammenhang stehen, sind nicht losgelöst von der französischen Öffentlichkeit, sondern greifen in politische Diskussionen vor Ort ein, zumindest in die der arabischsprachigen Öffentlichkeit. Inwieweit diese jedoch auf die französischsprachige Öffentlichkeit Einfluss nehmen kann oder gänzlich separat funktioniert, bleibt im Rahmen dieser Arbeit eine nicht zu beantwortende Frage. Allerdings sehe ich keine Anzeichen für eine Beeinflussung in diese Richtung. Die Rolle von *Al-Jazeera* als *local player*, auf die ich in Kapitel 5 noch genauer eingehe, deutet sich hier bereits an.

[47] De Villier hatte sich im Kontext der Diskussionen um den EU-Beitritt der Türkei bereits von *Al-Jazeera* interviewen lassen.

[48] Feldforschungsnotizen vom 27.04.2006.

3 Journalismus als ethische Praxis und praktische Ethik

In diesem Kapitel kläre ich die theoretische Grundlage für die Auswertung und Interpretation des von mir gesammelten Materials, das heißt den von Rabinow inspirierten Zugang zu ethischer Praxis und die Aspekte des Ethikbegriffs in meinem Feld.
Zunächst werde ich Rabinows Konzept (naturwissenschaftlicher bzw. akademischer) Wissensproduktion vorstellen. Sein Ansatz war in den 1990ern – bis einschließlich heute – wegweisend für die Konzeptualisierung von Wissenschaft als ethischer Praxis und hat mich dazu inspiriert, Journalismus unter dieser Perspektive zu betrachten. Warum diese Herangehensweise ebenso in der Übertragung auf das Forschungsfeld Journalismus fruchtbar gemacht werden kann, begründe ich im ersten Teil des Kapitels und erläutere im zweiten die ethische Dimension seines Ansatzes.
Im dritten Teil gehe ich auf verschiedene Dimensionen des Ethik-Begriffs im Feld des Journalismus' ein. Zunächst behandele ich formale Ethikkodizes und beleuchte sowohl die Historizität der journalistischen Normen und ihre Entstehungskontexte als auch zeitgenössische Ethikkodizes und Diskussionen in der Medienethik. Daran anschließend diskutiere ich (professionelle) Ethik in Hinblick auf ihre praktische Dimension. Abschließend definiere ich im vierten Teil des Kapitels meine Arbeitsbegriffe.

3.1 Wissenschaft als soziale und ethische Praxis (Rabinow)

[...]denying the very existence of normative elements because they are not completely and coherently instantiated, because they exist simultaneously in relationship with their opposites, amounts to denying that science is a social practice. (Rabinow 1996a: 13)

Paul Rabinow bezieht sich hier auf ein zeitgenössisches soziologisches Wissenschaftsverständnis, in dem die von Wissenschaftlern angebrachten Normen nur als eine Kaschierung ihrer eigentlichen Motive verstanden werden. Die Normen der Wissenschaft als in der Praxis für unerfüllt zu erklären, ist für ihn ein unzureichendes Wissenschaftsverständnis. Er argumentiert dagegen, dass viele Wissenschaftler glaubten, die Mertonschen Normen[49] würden ihre Praxis leiten. Rabinow konzeptualisiert in diesem Sinne Wissenschaft als soziale Praxis und plädiert dafür, die Repräsentationen von Wissenschaft als Praxis und Wissenschaft als Beruf zu beleuchten (vgl. Rabinow 1996a: 13-17). In seiner Ethnografie *Making PCR: A Story of Biotechnology* (1996a) untersucht er exemplarisch das professionelle Selbstverständnis von Wissenschaftlerinnen und Wissenschaftlern eines Biotechnologieunternehmens sowie ihre Repräsentationen von Wissenschaft.

Meines Erachtens ist diese Herangehensweise ebenso in der Übertragung auf das Forschungsfeld Journalismus fruchtbar. Auch viele Medienkommentatoren kritisieren oft die Divergenz zwischen journalistischen Idealen wie Objektivität und Neutralität auf der einen Seite und der journalistischen Praxis auf der anderen. In der Argumentation werden dabei eigennützige und ökonomische Motive im Journalismus hervorgehoben (vgl. Ward 2004: 33). In der medienwissenschaftlichen Journalismusforschung werden die Produkte der Praxis intensiv diskutiert und untersucht – die konkrete Praxis der Journalistinnen und Journalisten wird allerdings kaum betrachtet, noch wird danach gefragt, wovon sie ihre (Berufs-)Praxis geleitet sehen.[50] Dennoch spielen, wie ich im Laufe der Arbeit zeigen werde, die Normen der journalistischen Ethik in der Selbstrepräsentation der Journalistinnen und Journalisten – und in der Praxis der Nachrichtenproduktion – eine große Rolle.

Die Übertragung von Rabinows Praxiskonzept, das er im Forschungskontext von (wissenschaftlicher) Wissensproduktion anführt – und das ich im Folgenden näher ausführen werde –, halte ich für gerechtfertigt, auch wenn Journalismus keine (disziplinäre) Wissenschaft ist. Schließlich ist Journalismus als eine Form der Wissenspraxis zu beschreiben.

---

[49] Der Soziologe Robert Merton formulierte in den 1930er Jahren vier Normen der Wissenschaft (Universalimus, Kommunalismus, Uninteressiertheit, organisierter Skeptizismus); diese Ausführung stellt *die* klassische Formulierung wissenschaftlicher Normen dar.

[50] Als eine Ausnahme im dem deutschen Kontext kann allerdings die Studie von Siegfried Weischenberg und Armin Scholl „Journalismus in Deutschland" gelten. Siehe für eine Zusammenfassung der Ergebnisse Weischenberg/Scholl 2002.

Die Form der Wissenspraxen (Wissensproduktion und -repräsentation) im Journalismus ist allerdings stark von den unterschiedlichen Journalismusmodellen und deren jeweiligen Genres und Formaten abhängig. Während im investigativen Journalismus, ganz im Sinne des News-Begriffs[51], durchaus auf die Generierung von neuem Wissen abgezielt wird, stehen in anderen Journalismusmodellen eher der Transfer und die Vermittlung von Wissen im Vordergrund. Für den Informationsjournalismus, dem vorherrschenden Journalismusmodell und dessen prägenden Genres Meldung, Nachricht und Bericht (vgl. Dernbach in Weischenberg 2005: 106), sind sowohl Aufbereitung und Vermittlung von Wissen/Information als auch die Bereitstellung von neuem Wissen charakteristisch. Das Ziel des interpretativen Journalismus ist es dagegen, Hintergrundinformationen, Interpretationen von Ereignissen und deren Einordnung bereitzustellen, wobei Objektivität als Wert an sich in Frage gestellt wird.[52] Im advokativen Journalismus wird Objektivität als Wert ebenfalls kritisiert und angestrebt „anderes Wissen" – aus der Perspektive marginalisierter Gruppen – zu verbreiten. Es lässt sich so je nach Journalismusmodell von der Generierung von neuem Wissen oder dem Transfer und der Vermittlung von Wissen sprechen.[53]

Darüber hinaus ist, ebenso wie die akademische Wissensproduktion, der Produktionsprozess im Journalismus unter der Wissensperspektive zu beschreiben. Dieser ist auch im Journalismus hochgradig durch Selektion und Konstruktion bestimmt. In meiner Arbeit werde ich dabei unter anderem zeigen, dass der journalistische Modus der Wissensproduktion auch Elemente akademischer Wissenspraxen aufweist. Ein weiteres Argument für die Übertragbarkeit ist, dass der Beruf der Journalistin/des Journalists ähnlich ethisch aufgeladen wie der des Wissenschaftlers und ebenfalls durch hohe Ansprüche an moralische Glaubwürdigkeit gekennzeichnet ist.

Aus der Wissensperspektive lassen sich, unabhängig davon ob man von Wissen oder Transfer spricht, Parallelen zwischen den Professionen ziehen

[51] Der News-Begriff verweist darauf, dass die Entdeckung von „Neuem" in der *Repräsentation* der Profession elementar ist.

[52] Diese beiden Modelle sind allerdings nicht immer streng voneinander abzugrenzen und die Übergänge, besonders in der Praxis, fließend.

[53] Unter der Wissensperspektive ließe sich auch die Materialität von Medien untersuchen. Inwiefern Medien „allenfalls Träger von Informationen oder Speicher von Wissensrepräsentationen" sein können (Koch 2006: 14), oder aber „Konstrukteure, Generatoren und „Agenzien" *für* Wirklichkeit" sind (Weber 2002: 81), ist in der Forschung umstritten. In diesem Kontext wird allerdings der Produktionsprozess, der den Wissensrepräsentationen vorausgeht, im Vordergrund stehen.

und Rabinows Ansatz der ethischen Praxis aus dem Kontext naturwissenschaftlicher und akademischer Wissenspraxen gewinnbringend auf den Journalismus übertragen. Auf die ethische Dimension in der Wissensproduktion werde ich im Folgenden näher eingehen.

3.2 Das Verhältnis von Werten und Praxis bei Rabinow

In seinem Aufsatz "Science as Practice: Ethos, Logos, Pathos" (1996b) betrachtet Rabinow die Praxis von Wissensproduktion in Hinblick auf deren ethische Dimension (1996b: 6). Er bezieht sich dabei auf das moralphilosophische Vokabular Alasdair MacIntyres[54] (*After Virtue*, 1981). Dessen Begriffe ("virtues", "standards of excellence", "goods") hält er für fruchtbar, um Wissenschaft als Praxis zu beschreiben. Als weiterer Bezugspunkt dient Rabinow Michel Foucaults Ethikkonzept, auf das ich in 3.3 noch eingehe. Rabinow selbst tritt dafür ein, den verdrängten Diskurs über den Zusammenhang von Werten und Praxis wieder stärker zu machen. Damit könnten marginalisierte Praxen und Werte ins Licht gerückt werden und zu deren Wiederbelebung beigetragen werden (Rabinow 1996b: 7). Meines Erachtens ist dieser Ansatz selbst als Wissenschaft in ihrer ethischen Dimension zu bezeichnen.
Rabinows Definition von Praxis als Normen im Kontext und Prozess (Rabinow 1996a: 14) ermöglicht es, die verschiedenen Dimensionen von normativen Elementen in der Praxis zu erfassen und dabei nicht nur den (historischen, politischen, institutionellen etc.) Kontext der Normen, sondern auch ihre Prozessualität mitzudenken.[55] Normen stehen in einer fortlaufenden Entwicklung (vgl. Rabinow 2004: 9) und werden durch sich ständig wandelnde Konzepte und neue (Forschungs-)Methoden bedingt. Rabinow geht davon aus, dass wissenschaftliche Praktiken „einen gewissen Grad an Autonomie“[56] aufweisen, dabei aber in Kontexten praktiziert werden – diese Kontexte oft

[54] Dieser definiert Praxis wie folgt: "[...] any coherent and complex form of social established cooperative human activity through which goods internal to that form of activity are realized in the course of trying to achieve those standards of excellence which are appropriate to, and partially definitive of that form of activity, with the result that human powers to achieve excellence, and human conceptions of the ends and goods involved, are systematically extended." (Vgl.: Rabinow 1996b: 6) Für den Versuch MacIntyres Theorie auf den Journalismus anzuwenden siehe Lambeth (1990).

[55] In Rabinows Untersuchungsfeld in *Making PCR* gehört dazu u. a. die Entwicklung der Biotechnologie und des spezifischen Biotechnologieunternehmens.

[56] Im Original: "have some degree of autonomy" (Rabinow 1996b: XIV).

erfunden (invented) werden, um solche Praxen möglich zu machen – und argumentiert, dass Praxen normativ sind (vgl. Rabinow 1996b: XIV).

Diese Betonung der Kontexte, in denen Praxen praktiziert werden und die Erkenntnis, dass diese nicht per se bestehen, sondern ihnen ein Konstruktionsprozess vorausgeht, ist, wie oben bereits besprochen, auch für das Feld des Journalismus' aufschlussreich. Die journalistische Praxis wird durch vielfältige Faktoren strukturiert, wie die transnationale Medienlandschaft, die Entwicklung des Nachrichtenformats, Standards und Normen in der Berichterstattung, die Institution des Senders, das mediale Feld[57] und die politische Situation vor Ort etc. Sie ist aber nicht völlig durch diese Faktoren bedingt. Mit dem Fokus auf die ethische Dimension von Praxis lassen sich eben nicht nur die Kontexte als strukturierende Kräfte, sondern auch der „gewisse Grad an Autonomie" der Praxis analytisch fassen.

Ein weiterer wichtiger Bezugspunkt für Rabinows Ausführungen ist Max Weber. In Webers 1917 gehaltenem Vortrag „Wissenschaft als Beruf" rückt er bereits den Zusammenhang zwischen wissenschaftlicher Praxis und Werten in den Blickpunkt. Rabinow bezeichnet diesen Vortrag als „nach wie vor die klassische Reflexion über Ort und Problematik der Wissenschaften in der Moderne, diese verstanden sowohl als eine kulturelle und ökonomische Formation wie auch als Ethos" (2004: 221). Wissenschaft als Berufung im Sinne Webers sei auch heute noch aktuell (1996a: 163ff) und moralische Reputation und Glaubwürdigkeit spielten darin eine große Rolle (vgl. 1996a: 14). Meines Erachtens bietet Webers Neuformulierung des wissenschaftlichen Ethos', besonders mit dem Fokus auf die „innere Stellung des Mannes der Wissenschaft zu seinem Beruf" (Weber 2002 [1919]: 487) und dem Begriff der „inneren Haltung" (ebd. 477), auch für die Profession des Journalismus' Anknüpfungspunkte zur Reflexion über professionelles Ethos.[58]

---

[57] Siehe 2.3.

[58] Weber bezeichnet in seinem Vortrag Wissenschaft als „fachlich betriebene[n] Beruf im Dienst der Selbstbesinnung und der Erkenntnis tatsächlicher Zusammenhänge" (In: Max Weber, 2002 [1919]: „Wissenschaft als Beruf". In: *Max Weber. Schriften 1894-1922,* S. 474–511, hier S. 506) und benennt „intellektuelle Rechenschaftspflicht" (ebd.: 511) als das für den Wissenschaftler nun geltende Leitprinzip. Als das Schicksal des Wissenschaftlers beschreibt er es, an den Fortschritt gekettet zu sein. Jede individuelle Erkenntnis werde so immer wieder antiquiert und müsse ständig überholt werden. Unter diesen Umständen, meint Weber, sei nur derjenige zur Wissenschaft berufen, der glaube, sein Leben hänge von seinem wissenschaftlichen Beitrag ab. Harte Arbeit aber auch „Eingebung" und „Gabe" seien die Voraussetzungen für neue Ideen, so Weber. Als Aspekte der wissenschaftlichen Praxis nennt er das „Erlebnis" und den „Rausch" (ebd. 482).

3.3 Dimensionen des Ethikbegriffs im Journalismus

Ethik in ihrer ersten Wortbedeutung ist eine von Aristoteles ausgehende philosophische Disziplin, in der aus philosophischer Theorie und Reflexion ein systematisches Set von Normen/Moralprinzipien entwickelt wird. Für die vorliegende Arbeit wird diese Bedeutung von Ethik allerdings kaum eine Rolle spielen, sondern es werden drei andere Wortbedeutungen elementar sein: die formale professionelle Ethik, das professionelle Ethos und die praktische Ethik einer Berufsgruppe oder eines Berufsausübenden.
Formale Ethik verstehe ich als Set von normativen Standards einer bestimmten Berufsgruppe, das praxisleitend wirkt und dessen Entstehung ich im Folgen erläutere.[59] Der Begriff des Ethos' ist eng damit verbunden und bezeichnet die „Grundhaltung eines bestimmten Berufsstandes" (HWdP 1972: 812), beispielsweise von Ärzten oder Richtern, die unter anderem in Ethikkodizes festgehalten wird.
Der Ausdruck Ethos wird im Deutschen als Fremdwort seit dem späten 19. Jh. gebraucht zur Bezeichnung der bleibenden Gesinnung und Haltung eines Einzelnen oder einer Gemeinschaft, insofern in dieser bestimmte sittliche Akzente gesetzt, bestimmte Werte betont sind.[60]
Im Gegensatz zur professionellen Ethik steht im Ethos-Begriff also die „Haltung", im Sinne Webers, im Vordergrund. Die praktische Ethik der einzelnen Journalistin/des einzelnen Journalisten beschreibt die Anwendung und Artikulierung dieser normativen Standards und Haltungen in der Praxis.

Formale Ethik I: historische Einbettung

Die „Grundhaltung" des Berufsstandes Journalismus, die ethischen Prinzipien und Normen der Profession, bildeten sich in einem spezifischen Kontext heraus und unterliegen einem fortlaufenden historischen Prozess. Dies arbeitet der kanadische Philosophieprofessor Stephen Ward in *The Invention of Journalism Ethics* (2004) – mit besonderem Fokus auf die Verbreitung und Entwicklung des Konzepts Objektivität – heraus. In seiner Geschichte der journalisti-

[59] So definiert Ward Ethik folgendermaßen: "[B]y 'ethics' or 'ethic' I do not mean a systematic set of ethical principles, based on philosophical theory and argumentation. I mean a set of principles and norms that, at least to some degree, guided journalistic practice [...]." (Ward 2004: 100).

[60] Historisches Wörterbuch der Philosophie 1972/1989: 815.

schen Ethik zeigt er, dass die ethischen Prinzipien des Journalismus' insbesondere in England und Amerika entstanden.[61] Die Debatten über die soziale Rolle von Journalisten und Normen in der Praxis reichen bis in das 17. Jahrhundert, in die frühe englische Zeitschriftenpresse zurück. Die Formulierung von ersten Ethikkodizes fand dann in den 1860er und 1870er Jahren statt. Zu dieser Zeit entwickelten sich die Berufsidee des Journalisten und professionelle Vereinigungen sowie die ersten Journalistenschulen in England und Amerika. Die schriftliche Fixierung von Ethikkodizes und eine zunehmende Professionalisierung und Institutionalisierung sind dementsprechend untrennbar miteinander verbunden. Der rasche Anstieg von „professioneller Kultur" ist für das späte 18. und frühe 19. Jahrhundert nicht nur im Bereich des Journalismus', sondern auch in der Medizin und der Rechtssprechung zu beobachten (s. White in Cooper 1989: 41). Auch der weitere kulturelle Kontext, wie z. B. der Viktorianische Wert der „Respektabilität"[62], war entscheidend für die Ausprägung der ethischen Prinzipien. So stellt der Kommunikationswissenschaftler Clifford G. Christians in seiner Untersuchung der anglo-amerikanischen Theorie der Presse und den journalistischen Ethikkodizes diese als Produkte des gesellschaftlichen Kontexts dar. Er hebt dabei insbesondere die individualistische Doktrin des autonomen Selbst als leitende Kraft in der Nachrichtenprofession hervor (vgl. Christians 1989, insb. S. 6-8).[63]
Während die ersten Ethikkodizes, so Ward, eher eine Mischung aus ethischen Normen der Verleger und technischen Hinweisen zum Schreiben waren, entwickelten sich in der Folgezeit dann ethische Normen, die mit der demokratischen Funktion des Journalismus' verbunden waren (Ward 2004: 209). In den 1920er und 1930er Jahren kreierten viele Journalistenvereinigungen heute noch einflussreiche Ethikerklärungen, in denen das Streben nach Objektivität und Wahrheit verankert wurde, so zum Beispiel den Kodex der *American Society of News Editors* (*ASNE*) von 1923 und den 1926 verfassten Kodex von

---

[61] Ward betont besonders, dass der Geist des frühen Journalismus große Ähnlichkeiten und Verbindungen zu anderen "discourses of fact" aufweist und empirisch, naturalistisch und pragmatisch war (vgl. 2004: 90f). "Journalism contributed to the print culture and the scientific mindset by portraying the world as a sequence of datable events – an independent, objective realm of social and natural facts open to description, analysis and further study." (ebd.: 91)

[62] "The Victorian value of social 'respectability' shaped initial conceptions of the journalist as a professional. In Britain, upper-class attitudes defined a professional as a respectable gentlemen. 'Respectability' implied a set of moral and social attitudes – 'decency', restraint and 'fair play.'" (Ward 2004: 206)

[63] Siehe zu den Entstehungs-Kontexten von Ethikkodizes auch Robert White (in Cooper 1989), der die sozialen und politischen Faktoren unter denen Ethikkodizes entwickelt wurden und werden untersucht.

Sigma Delta Chi.[64] Deren leitenden Prinzipien waren Unabhängigkeit, Objektivität[65] und die Unterscheidung zwischen Nachrichten und Kommentaren (vgl. Ward 2004: 191). Nach Christians wurde journalistische Moral mit objektivem "reporting the facts" gleichgesetzt – und dieses Verständnis von journalistischer Ethik halte bis heute an (Christians 1989: 9). Als gegenläufigen Trend nennt er die nach dem Zweiten Weltkrieg aufkommende Kritik, die den Journalismus als sozial „selbstgefällig" bezeichnet. Diese „alternative Stimme" betonte die soziale Verantwortung des Journalisten sowie die Prinzipien von Fairness und Wahrhaftigkeit (S. 10f).

Obwohl diese frühen Kodizes der 1930er längst wieder novelliert worden und etliche neue dazugekommen sind, stellen sie doch die klassischen Formulierungen der professionellen Ethik im Journalismus dar – ähnlich wie Mertons Prinzipien für die Wissenschaft, die er in der gleichen historischen Epoche formulierte.

Formale Ethik II: Zeitgenössische Ethikkodizes

Formale Ethikkodizes nehmen die Dimension des Ethikbegriffs ein, die im heutigen Verständnis von journalistischer Ethik vorherrschend ist. Sie stellen die formalisierte Version journalistischer Ethik dar, die offiziell verbreitet wird und somit repräsentativ ist. Sie dienen sowohl als moralischer Leitfaden innerhalb der Profession als auch als Legitimierungsstrategie nach außen. Nach Nordenstrengs Definition fungieren sie zudem als Teil der Qualitätskontrolle und Teil des interaktiven sozialen Systems der Medien (vgl. Hafez 2003: 40). Erst auf der Grundlage von Meinungsfreiheit und Pressefreiheit aber können Ethikkodexe, so Wolfgang Wunden, eine positive Funktion haben (Wunden 2003: 169).

Im Journalismus haben die professionellen Ethikkodizes auf den ersten Blick eine relativ standardisierte Form, wobei es durchaus nationale und regionale wie auch institutionelle Unterschiede gibt. Von einer „globalen"/„universellen" Form journalistischer Ethik ist demnach bei weitem nicht zu sprechen.[66] Zu

[64] Eine professionelle journalistische Verbindung, die 1909 an der DePauw University in Greecastle, India, von Studenten gegründet wurde und eine Vorläufergruppe der *Society of Professional Journalists* ist. In ihrem Kodex wird u. a. festgehalten: "Truth is our ultimate goal. […] Objectivity in reporting the news is another goal, which serves as a mark of an experienced professional. It is a standard of performance towards which we strive. We honour those who achieve it." (Zitiert nach: Ward 2004: 215)

[65] Im Sinne von "reporting 'just the facts' leaving opinions out of the story" (Ward: 191).

[66] Zur Diskussion um eine universelle Ethik im Journalismus siehe Cooper (1989). In diesem Sammelband

unterscheiden ist zwischen multinationalen und nationalen – hierbei wiederum offiziellen und unabhängigen – Ethikkodizes sowie den Ethikkodizes einzelner Medieninstitutionen (vgl. Hafez 2003: 40f). Als bedeutende überregionale Kodizes gelten heute die "Declaration of Principles on the Conduct of Journalists"[67] der *International Federation of Journalists* (1954/1986), der "Code of Ethics"[68] der *Society of Professional Ethics* (1996), der auf den oben genannten Kodex von *Sigma Delta Chi* zurückgeht sowie der 1983 unter der Schirmherrschaft der *UNESCO* entstandene "Code of Ethics: International Principles of Professional Ethics in Journalism"[69]. Insbesondere Letzterer steht im Fokus zeitgenössischer Debatten um internationale Medienethik (Cooper 1989: 256).[70] Alle diese Kodizes weisen einen multinationalen Entstehungskontext auf und sind regierungsunabhängig. Als leitende Prinzipien sind neben Wahrheit/Wahrhaftigkeit in der Berichterstattung, größtmögliche Objektivität, Trennung von Information und Meinung auch der Respekt von Privatsphäre und Vielfalt sowie ein Bewusstsein für Diskriminierung in ihnen festgeschrieben. Die soziale Verantwortung der Journalistin/des Journalisten ist somit in allen Kodizes verankert; am explizitesten im Kodex der *UNESCO*, in dem politische Werte vertreten werden, wie unter anderem das Eintreten für Demokratie und Dekolonisierung und gegen Rassismus.

Eine genaue Analyse der Kodizes ist nicht das Anliegen dieser Arbeit,[71] bei der Analyse des *Al-Jazeera*-Kodex wird dieser aber mit internationalen und regionalen Kodizes verglichen und in der „Landschaft" der Ethikkodizes verortet. Deswegen soll an dieser Stelle kurz noch auf Ethikkodizes aus dem arabischen und/oder islamischen Kontext eingegangen werden.[72]

---

werden Ansätze zu einer globalen/universellen Kommunikationsethik vorgestellt, aber auch deren grundsätzlichen Probleme diskutiert. Rao und Lee berichten in ihrem Artikel von 2006 über die Bedenken von Journalisten aus Asien und dem Nahen Osten gegenüber einer vom Westen auferlegten globalen Medienethik.

[67] http://www.ifj.org/en/articles/ifj-declaration-of-principles-on-the-conduct-of-journalists, abgefragt am 13.08.2008. Die *International Federation of Journalists* ist nach Eigenangaben die größte internationale Journalistenorganisation mit mehr als 400.000 Mitgliedern (s. ebenda).

[68] http://www.spj.org/ethicscode.asp, abgefragt am 13.08.2008

[69] http://www.ijnet.org/Director.aspx?P=Ethics&ID=8320&LID=1, abgefragt am 13.08.2008.

[70] Zur Diskussion über den Kodex siehe die in Cooper (1989, S. 256-59) dargestellte Debatte zwischen Nordenstreng, der den Kodex als repräsentativ und „global demokratisch" bewertet, und Merrill, der ihn als propagandistisch, ethnozentristisch und rhetorisch kritisiert.

[71] Siehe für einen Vergleich von verschiedenen Kodizes u. a. Kaarle Nordenstreng und Antti Alanen (1981): "Journalism Ethics and International Relations." In: *Communication* 6 (1981), S. 225-254 sowie Cooper (1989), Kapitel 2.

[72] Siehe hier zu auch Hamid Mowlana (1989): "Communication, Ethics, and the Islamic Tradition." In: Cooper (a. a. O.), S. 137-146.

In einer vergleichenden Studie untersucht der Politik- und Kommunikationswissenschaftler Kai Hafez (2003) Ethikkodizes in Nord-Afrika, dem Nahen Osten und dem Muslimischen Asien und Europa. Dabei arbeitet er heraus, dass sowohl europäische wie „orientalische" Ethikkodizes versuchen, zwischen persönlichen und öffentlichen Interessen auszugleichen. Allerdings bestehen auch einige Unterschiede: In manchen „orientalischen" Ethikkodizes wird das Private strikter geschützt und zudem die Loyalität zum Staat, Nation und Religion als teilweise verpflichtend festgeschrieben (im Gegensatz zu den europäischen Ethikkodizes). Entscheidend sind hier vor allem die Einflüsse der autoritären Regimes sowie islamistischer Strömungen im Land. Eine einfache Bipolarität zwischen „orientalischen" und „westlichen" Ethikkodizes ist, so Hafez (2003: 62), allerdings nicht nachzuweisen.

Während über Ethikkodizes eine relativ breite Forschungsliteratur besteht, ist die Praxisrelevanz von diesen professionellen Kodizes bisher noch wenig empirisch erforscht. Festzuhalten ist zunächst, dass Ethikkodizes idealtypische Richtlinien für die journalistische Praxis darstellen und sie dementsprechend per se schon in einem Spannungsfeld zwischen Ideal- und Praxisnormen zu verorten sind (vgl. Brosda/Schicha 2000: 8f). Wie viel Einfluss solche Kodizes auf die Praxis haben und wie groß ihre Autorität ist, darüber sind auch innerhalb der Medienethik die Einschätzungen durchaus kritisch. So machen Debatin und Funiok nur einen schwachen Einfluss von Kodizes auf die Wirklichkeit aus (Debatin/Funiok 2003: 9), auf der anderen Seite wird aber dennoch die Notwendigkeit von idealen Handlungsnormen betont und immer wieder diskutiert (s. u. a. Brosda/Schicha 2000: 13f). Zum einen sind die politischen, ökonomischen und juristischen Gegebenheiten, in denen Journalisten arbeiten, sicherlich ausschlaggebend dafür, wie einflussreich ein Kodex überhaupt sein kann. Zum anderen bestimmen aber auch die Arbeitsorganisation der Medieninstitution sowie die Journalisten mit ihren persönlichen Auslegungen der formalen Werte die Praxisrelevanz der Ethikkodizes.

Ethik als reflexive Praxis

Bei der Begriffsklärung von professioneller Ethik stütze ich mich auf Ward, da er in seiner Definition von professioneller Ethik Praxis explizit macht und den Spielraum der Akteure in Bezug auf die Prinzipien mitdenkt.

These ethical principles can be the principles of an individual journalist, a news organization, a form of journalism, or an entire era of journalism. [...] My stress on practice means that journalism ethics refers, to some extend, to the mores of a group. But by "ethics" I mean something more than the accepted, perhaps unreflective, mores of a social group – not simply the static values that journalists pick up through entrance into the craft of journalism. Rather, I mean norms and principles that journalists espouse to explain and defend their actions and profession. These principles are open to critical, self-conscious evaluation. (Ward 2004: 22f)

Diese Definition professioneller Ethik betont die rhetorische Dimension von Ethik, beinhaltet dabei aber den kreativen Umgang mit den moralischen Prinzipien und damit auch die Akteure selbst: Sie erklären, verteidigen und evaluieren damit ihre Praxis und ihren Berufsstand. Professionelle Ethik fungiert nach Ward einerseits als strategisches Instrument, um die Praxis einer Gruppe zu legitimieren, und drückt andererseits, idealistisch, eine Verpflichtung der Gesellschaft gegenüber aus. Die meisten Berufsstände, wie beispielsweise Juristen, Journalisten und Wissenschaftler, vertreten so die Maxime, das öffentliche Wohl über das persönliche Interesse zu stellen sowie objektiv Entscheidungen zu treffen und Probleme zu bewältigen (vgl. Ward 2004: 204f).

In der berufssoziologischen Forschung wird professionelle Ethik weitaus kritischer beurteilt, wie beispielsweise von Gilles Bastin (2003). Sobald Privilegien legitimiert werden müssten, verwendeten professionelle Gruppen „Rhetoriken", so Bastin (vgl. Bastin 2003: 267–269). In dieser Perspektive wird die praxisleitende Funktion von professioneller Ethik allerdings ignoriert und ihre Instrumentalisierung einseitig hervorgehoben. Wenn auch professionelle Ethik nicht idealtypisch und widerspruchsfrei praktiziert wird, so wird sie meines Erachtens doch aus der Perspektive der Professionellen als praxisleitend verstanden und enthält die Möglichkeit zur reflexiven Bearbeitung.

Ethik als „reflexive Praxis der Freiheit" (Foucault)

Um nicht bei dieser (problematischen) rhetorischen Dimension von Ethik stehen zu bleiben, ist eine Erweiterung des Begriffs, die zudem über die Normen der professionellen Ethik hinausgeht, sinnvoll. Michel Foucaults Ethikbegriff, den auch Rabinow als „provokativen Rahmen" (Rabinow 1996b: 15) benutzt, um Ethik zu analysieren, dient mir in der Analyse journalistischer Ethik dazu, Ethik auch als reflexive Praxis zu begreifen.[73]

Foucault konzeptualisiert Ethik nicht im engen Sinne als ein Set von Normen oder Moralprinzipien. Ethik bei Foucault, so Wilhelm Schmid, „konstituiert sich über das Ethos, die Haltung des Individuums, und nicht über die Befolgung von Normen" (1991: 225).[74] Foucault geht davon aus, dass sich das „Ethische" als „reflexive [réfléchie] Praxis der Freiheit" (zitiert nach: Faubion 2001: 85)[75] manifestiere – eine Praxis, die sich immer von den moralischen Prinzipien und Codes unterscheidet. Ethische Praxis setzt nach Foucault nicht nur bestimmte Technologien des Selbst, sondern auch ein soziales Feld voraus, in dem eine reflektierte Freiheit[76] ausgeübt werden kann (vgl. Faubion 2001: 88).

Ethik im Feld von Journalismus mit diesem Ansatz gedacht ist – im Gegensatz zur Definition Wards – nicht an ein Set von journalistischen Normen und Standards gebunden und bezeichnet die reflexive Praxis der Journalistin/des Journalisten. In diesem Sinne widerspricht dieses Verständnis von Ethik der Determination durch Normen und lässt dem Individuum die Möglichkeit, wenn die Vorgaben nicht mit dem Selbstbild übereinstimmen, andere Formen der ethischen Praxis zu realisieren. Während die Konzeptionen professioneller Ethik sich auf eine *Community of Practice* beziehen und Ethik vom Individuum auf die Gruppe erweitern, umfasst Foucaults Ethikkonzept dagegen das sich konstituierende moralische Subjekt. Dieses Konzept erlaubt es stärker als

[73] Foucaults Ethikbegriff stelle ich hier nur sehr verkürzt und pragmatisch auf mein Feld bezogen dar. Für eine ausführliche Darstellung s. Schmid 1991; und aus ethnologischer Perspektive Faubion 2001.

[74] Foucault definiert Ethik als „die Art der Beziehung, die man zu sich selbst haben sollte, der Selbstbezug [...], der bestimmt, wie das Individuum sich als Moralsubjekt seiner eigenen Handlungen konstituieren soll" (im Interview mit Dreyfus/Rabinow 1994: 275).

[75] Ursprünglich in: Foucault, Michel 1997: "The Ethics of the Concern for Self as a Practice of Freedom." In: *Essential Works of Michel Foucault*, vol.1 *Ethics: Subjectivity and Truth*, herausgegeben von Paul Rabinow, übersetzt von Robert Hurley et al. New York, S. 284.

[76] Im englischen Original bei Faubion: "a considered freedom" (Faubion 2001: 88).

die anderen Ethikdefinitionen, den Spielraum und die Reflexivität der einzelnen Journalistin/des einzelnen Journalisten in den Blick zu rücken.

3.4 Arbeitsbegriffe

Nach dieser Darstellung der verschiedenen Dimensionen von Ethik lege ich nun meine Arbeitsbegriffe in Bezug auf die erläuterten Theorien dar. Es geht mir nicht darum, Ethik im Feld von Journalismus auf einen Begriffsinhalt festzulegen, sondern den Begriff für mein Feld fruchtbar zu machen. In meiner Setzung der Begriffe beinhaltet „Ethos“ die ethische Haltung; „professionelle Ethik“ betont dagegen eher das Set von Normen und moralischen Standards, auf die Bezug genommen wird. Vorweg ist es mir wichtig die gegenseitige Beeinflussung der unterschiedlichen Dimensionen zu betonen. Zum einen beeinflussen die formalen Ethikkodizes das professionelle Ethos der Institution sowie des einzelnen Journalisten als auch dessen praktische Ethik. Zum anderen können aber auch die praktische Ethik und das professionelle Ethos der einzelnen Journalisten wiederum auf die formale Ethik und das Ethos der Institution als auch die international formalisierten Ethikkodizes zurückwirken.

Formale Ethikkodizes

Formale Ethikkodizes bilden die Dimension des Ethikbegriffs, die im heutigen Verständnis von journalistischer Ethik vorherrscht und auf die in der öffentlichen Diskussion und insbesondere in der Kritik an journalistischer Arbeit immer wieder Bezug genommen wird. Schließlich stellen sie die offiziell-repräsentative Form professioneller Ethik dar. Bei Ethikkodizes ist zwischen internationalen und nationalen Kodizes sowie Ethikkodizes einzelner Medieninstitutionen zu unterscheiden. Auch in den Richtlinien zur journalistischen und verlegerischen Praxis werden diese reflektiert. Für die Journalistinnen und Journalisten fungieren die Ethikkodizes als ideale Handlungsnormen und Bezugsrahmen. Sie beeinflussen sowohl ihr persönliches Berufsethos als auch ihre professionelle Selbstrepräsentation maßgeblich.

Ethos der Institution

Das Ethos der Institution bezeichnet die spezifische ethische Haltungen einer Institution sowie ihrer Mitarbeiterinnen und Mitarbeiter. Im Ethos drückt sich so das Selbstverständnis und die Positionierung der Medieninstitution aus. Es kann das Eintreten für ein spezifisches Journalismusmodell implizieren oder auch politische Positionierungen beinhalten. Im Falle von *Al-Jazeera* zeigt sich das Ethos insbesondere in dessen Repräsentation nach außen als medialer Underdog und Gegenstimme (s. 4.2). Die „ethische Haltung" eines Senders kann auch als Marketingressource fungieren, wie ich am Beispiel *Al-Jazeeras* zeigen werde.

Professionelle Ethik der Journalistin/des Journalisten

Als professionelle Ethik der Journalistin/des Journalisten bezeichne ich die von ihnen artikulierten professionell-normativen Standards. Dabei beziehen sie sich, meiner Beobachtung nach, vorwiegend auf die professionelle Ethik ihrer *Community of Practice*, also die journalistischen Ethikkodizes. Als eine weitere Dimension professioneller Ethik verstehe ich auch die von Journalistinnen und Journalisten formulierten praktischen Ethikkonzepte, die sie in der Praxis beziehungsweise aus ihr heraus entwickeln – also Konzepte, die über einen handlungsleitenden, normativen oder wertorientierten Charakter verfügen, ohne dass sie als explizit Ethik bezeichnet werden müssen.

Professionelles Ethos der Journalistin/des Journalisten

Als professionelles Ethos bezeichne ich dagegen die (ethische) Haltung der Journalistin/des Journalisten, die sie/er im Sprechen und professionellen Agieren einnimmt sowie das professionelle Selbstverständnis was sie/er darin zum Ausdruck bringt. Diese Haltung ist als praktische Ethik zu verstehen: Sie wird in der Praxis reflektiert und ist praxisweisend. Der Begriff beinhaltet meiner Setzung nach dabei auch – mit Max Weber gesprochen – ihre „innere Haltung" zu ihrem Beruf und was sie als Voraussetzungen für diesen verstehen.

Praktische Ethik oder: reflexive Praxis der Freiheit

Ethik in ihrer praktischen Dimension als „reflexive Praxis der Freiheit" (nach Foucault) kann in den Spielräumen der Praxis ausgeübt werden, das heißt in Situationen, in denen Journalistinnen und Journalisten als Akteure und Individuen in einem offenen Feld eigenmächtig entscheiden und handeln. Dieser Spielraum besteht beispielsweise in Momenten, in denen Journalistinnen/Journalisten vor der Entscheidung stehen, aufgeladene Themenkomplexe zu thematisieren oder kritische Passagen eines Interviews in einen Bericht zu integrieren.[77] In meinem Feld eröffnen sich solche Momente insbesondere in der Übersetzungspraxis der Korrespondenten kulturell sensibler Themen (siehe Kapitel 7).

Meine These ist, dass diese letzte Dimension von Ethik in einem wechselseitigen Verhältnis zum professionellen Ethos der Journalistin/des Journalisten steht. Das professionelle Ethos beeinflusst den Umgang mit solchen „offenen" Situationen. Gleichzeitig wirkt die reflexive Praxis auf das professionelle Ethos und die professionelle Ethik zurück. Gerade diese beiden nicht unbedingt als Ethik bezeichneten Dimensionen von Ethik – die praktischen Ethikkonzepte und reflexive Praxis – sind am schwierigsten zu fassen, lassen sie sich doch in der Analyse nicht immer streng voneinander abgrenzen. Allerdings wird hier in besonderem Maß Journalismus als praktische Ethik und ethische Praxis sichtbar. Diese Dimensionen in der journalistischen Praxis zu zeigen, ist das Anliegen dieser Arbeit.

[77] Siehe zur Nicht-Thematisierung streitwürdiger Themen und wie unterschiedliche Rollenverständnisse von Journalisten diese Entscheidung beeinflussen Hafez 2002: 111 und Czerwick 1990: 181-84.

4 Ethikkodex und Ethos bei *Al-Jazeera*

Im Folgenden soll die im letzten Kapitel vorgenommene Begriffsklärung auf die Medieninstitution *Al-Jazeera* angewandt werden. In einem ersten Schritt beschreibe und analysiere ich dabei die formale Ethik des Senders im Vergleich zu anderen Ethikkodizes. Um das spezifische Ethos des Senders, im Sinne einer ethischen Haltung, die auch als Mission artikuliert wird, zu fassen, ist aber die Analyse des Ethikkodex allein nicht ausreichend. Von daher sollen in einem zweiten Schritt Repräsentation und Rezeption des Senders betrachtet werden. Durch beide wird das Ethos, so meine These, in einer wechselseitigen Dynamik hergestellt. Zum einen werden dazu die Aussagen von offiziellen Sprechern des Senders[78] und ihre Präsentation des Senders sowie Werbeslogans herangezogen. Zum anderen sollen die Wahrnehmung und Rezeption des Senders, insbesondere die Merkmale die ihm in der medialen Öffentlichkeit sowie der Wissenschaft zugeschrieben werden, kurz beleuchtet werden. Abschließend sollen in einem dritten Schritt Ethik und Ethos *Al-Jazeeras* mit bestimmten Journalismusmodellen in Bezug gesetzt werden.
Meines Erachtens spielt diese Haltung der Institution und ihre spezielle Agenda eine größere Rolle in der journalistischen Praxis als der Ethikkodex des Senders. Das Ethos formt zudem, wie in 5.1 deutlich werden wird, das Selbstverständnis der *Al-Jazeera* Korrespondenten in meinem Feld entscheidend.

4.1 *Al-Jazeeras* Ethik-Kodex

Im Juli 2004 wurde auf der Doha-Konferenz *Al-Jazeeras* Ethikkodex[79] (s. Dokument im Anhang) bekannt gegeben, der innerhalb von vier Monaten zusammengesetzt wurde und seitdem laut *Al-Jazeeras* Generaldirektor Waddah Khanfar zu einer „Verfassung" geworden ist (Zayani/Sahraoui 2007: 151).

[78] Auf das von Korrespondenten in meinem Forschungsfeld formulierte Ethos, gehe ich in 5.1 noch näher ein.

[79] Im Internet unter: http://english.aljazeera.net/english, abgefragt am 10.10.2006, diese Version steht nun bei *Al-Jazeera* International, bei *Al-Jazeera* nur die arabische Version unter: http://aljazeera.net/NR/exeres/1819FBDE-A854-4337-8A58-323E9BB850E2.htm#L1, abgefragt am 10.10.2008.

Er ist auch als ein Zeichen der Etablierung und Professionalisierung des Senders sowie dessen Institutionalisierung (vgl. dies.: 135f) zu lesen. Der Ethikkodex des noch jungen Senders ist mit seinen zehn Unterpunkten vergleichsweise kurz, bei anderen großen internationalen Sendern wie der *BBC* umfasst er gut 200 Seiten.[80] Aktham Suliman bezeichnet den *BBC* Kodex deshalb spaßeshalber auch als deren „Qur'an", *Al-Jazeera* sei da, seiner Auffassung nach, noch nicht so weit.[81] Dennoch ist der Kodex als wichtiges Dokument der Selbstverortung des Senders zu lesen, das in journalistischen Streitfällen auch herangezogen wird. So erklärte der Sender im August 2008, dass er mit seiner Berichterstattung über den von Israel freigelassenen libanesischen Häftling Samir Kuntar „unethisch" gehandelt und gegen den eigenen Ethik-Kodex verstoßen habe.[82] Dieser Fall macht deutlich, dass es sich durchaus um ein „lebendiges" Dokument handelt, auf das aus professionellen wie politischen Gründen rekurriert wird.

Al-Jazeeras "Code of Ethics"

Being a globally oriented media service, Al Jazeera has adopted the following code of ethics in pursuance of the vision and mission it has set for itself,[83]

dieses Statement ist dem Kodex als Präambel vorangestellt. Der eigentliche Kodex beginnt dann mit der Aufzählung der journalistischen Werte, die es zu verfolgen gilt: Ehrlichkeit, Mut, Fairness, Ausgeglichenheit, Unabhängigkeit, Glaubwürdigkeit und Vielfalt; daran angefügt ist der Verweis, dass politische und wirtschaftliche Belange die Professionalität nicht beeinflussen dürfen. Im zweiten Paragraph wird dann Wahrheit als der anzustrebende Wert in der

[80] Der gesamte Text ist im Internet zu finden unter: http://www.bbc.co.uk/guidelines/editorialguidelines, zuletzt abgefragt am 10.10.2008.

[81] Aktham Suliman im informellen Gespräch am 21.03.2006.

[82] http://www.asharq-e.com/news.asp?section=5&id=13666, abgefragt am 9.08.2008 (englische Übersetzung des Artikels aus *asharq alawsat*). Diese von Wadah Khanfar, dem Generaldirektor von *Al-Jazeera*, verfasste Erklärung war die Reaktion auf eine Drohung des israelischen Pressebüros, den Sender zu boykottieren. Von daher muss diese Erklärung auch als strategischer Rückgriff auf den Kodex verstanden werden, da ein Boykott Israels dem Sender viele Möglichkeiten zur Berichterstattung nehmen und somit schaden würde.

[83] http://aljazeera.net/NR/exeres/1819FBDE-A854-4337-8A58-323E9BB850E2.htm#L1, abgefragt am 10.10.2008.

Berichterstattung festgeschrieben. Hier werden also zunächst die allgemeinen ethischen Normen im Journalismus genannt. In den folgenden Paragraphen werden diese allgemeinen Normen dann spezifiziert und daraus abgeleitete Verhaltensregeln dargestellt. Sie lassen sich in Punkte zur allgemeinen journalistischen Praxis in der Recherche und Nachrichtendarstellung (a), zum Umgang mit den Objekten der Berichterstattung und dem Publikum (b), mit Vielfalt und kulturellen Sensibilitäten (c), Medienkonkurrenz (d) sowie zur Pressefreiheit (e) unterteilen:

a. Als Maßstäbe für die allgemeine Nachrichtenpraxis werden Transparenz im Umgang mit Nachrichten und Nachrichtenquellen, die Beachtung der Quellenrechte (§ 8) und die Unterscheidung zwischen Nachrichtenmaterial, Meinung und Analyse (§ 9) festgelegt; vorgefallene Fehler sollen zugegeben und sofort korrigiert werden (§ 7) und verschiedene Gesichtspunkte und Meinungen unparteiisch dargestellt werden (§ 5). Dieser letzte Punkt wird im Logo des Senders „Meinung und Gegenmeinung“ aufgenommen bzw. entspricht diesem.

   Als weitere Normen werden aufgestellt:

b. das Publikum und die Gefühle von Opfern sowie deren Angehörigen mit Respekt zu behandeln sowie die Privatsphäre zu achten (§ 3);
c. die menschliche Vielfalt ("Diversity") hinsichtlich "Race", Kultur, Glaube zu achten und unvoreingenommen darzustellen (§ 6);
d. faire und ehrliche Medienkonkurrenz willkommen zu heißen, ohne dass dabei jedoch die Arbeitsstandards zu beeinträchtigt werden (§ 4);
e. Kollegen zu unterstützen sowie für die Pressefreiheit einzutreten (§ 10).

Sprachlich ist im Ethik-Kodex von *Al-Jazeera* auffällig, dass alle Paragraphen als Aufforderung formuliert sind: "Treat…, Welcome…, Present…, Recognise…" etc. Diese Form ist nicht allen Kodizes zu Eigen. Die oben genannten internationalen Kodizes benutzen so zum Beispiel Formulierungen wie "the journalist shall... "/"the journalist should", "the social role of the journalist demands...". Die Wortwahl von *Al-Jazeera* verdeutlicht, dass der Kodex als verpflichtendes Dokument konzipiert ist und einen regulativen Charakter aufweist.

Zur Einordnung des Kodex ist zunächst festzuhalten, dass es sich um einen Kodex einer spezifischen Medieninstitution handelt, die zwar in einem Nationalstaat (Katar) verankert, allerdings kein Staatssender im engen Sinne ist (s. *Al-Jazeera* im Profil, Kapitel 2) und der Kodex als interne Vereinbarung des Senders zu verstehen ist. Das ist beim direkten Vergleich mit nationalstaatlichen oder internationalen Kodizes mit zu reflektieren.

Nimmt man anlehnend an Cooper (1989) einen Vergleich anhand der Themen Wahrheit, sozialer Verantwortung und Freiheit von internationalen Ethikkodizes mit dem *Al-Jazeeras* vor,[84] so lassen sich alle drei Kernelemente in diesem wiederfinden. Wahrheit ist im zweiten Paragraphen als leitender Wert festgehalten ("endeavour to get the truth") und auch damit verbundene Ebenen, wie Stichhaltigkeit ("validity") und Genauigkeit. Die soziale Verantwortung des Journalisten wird insbesondere im dritten Paragraphen im Umgang mit dem Publikum und den Objekten der Berichterstattung genannt sowie auch im sechsten im Umgang mit kultureller Vielfalt. Freiheit wird lediglich im Eintreten für die Pressefreiheit erwähnt.

Verglichen mit Ethikkodizes im arabischen oder muslimischen Kontext lässt sich feststellen, dass bei *Al-Jazeera* weder die Nation, „arabische Interessen", noch Religion erwähnt werden, wie beispielsweise im Kodex der *Islamic Media Conference* (1980), der "Islamic values" und "ethical principles" sowie "struggle for the liberation of Palestine" festschreibt (vgl. Hafez 2003: 59). Auch im ägyptischen Ethikkodex (1983/1996), wird "loyalty to the (...) country's history" (1983) gefordert und die Veröffentlichung von Themen, die "society's general values, principles and morality" (1996) entgegenlaufen, verboten (vgl. ebd.: 58f). In der saudi-arabischen Medien-Charta von 1982 wird sogar als Norm formuliert, nicht die traditionelle Rolle von Frauen in Frage zu stellen (vgl. ebd.). Auch Kolonialismus und Zionismus, die in etlichen anderen arabischen Kodizes als zu bekämpfende Feinde genannt werden, kommen im *Al-Jazeera* Kodex nicht vor. Im Gegensatz zu den oben genannten internationalen Kodizes (S. 42f), wird allerdings auch Demokratie nicht als anzustrebender Wert genannt. Auffallend ist meines Erachtens die explizite Begrüßung von Medienkonkurrenz im Kodex, wenn diese auch insofern eingeschränkt wird, als dass es nicht nur um den "scoop"[85] gehen dürfe etc.

---

[84] Der amerikanische Kommunikationswissenschaftler Cooper führt vergleichende Untersuchungen zu internationalen Ethikkodizes zusammen und interpretiert diese entlang der drei o. g. Themen (s. Cooper 1989: 33ff). Seine Ergebnisse sind folgende: Wahrheit werde in 90%-98% aller Kodexe, soziale Verantwortung, je nach Definition, in 85-100% aller Kodexe, Freiheit (im Sinne von Pressefreiheit, Meinungsfreiheit) dagegen seltener genannt.

[85] dt. Erst-/ Exklusivmeldung.

Zusammengefasst lässt sich festhalten, dass der *Al-Jazeera* Kodex im internationalen Vergleich wenig Spezifisches enthält. So folgert auch Adel Iskandar (2006):

> *The stations values, as enshrined in the broadcasters recently released code of journalistic ethics, differs little from those of major transnational broadcasters as CNN and BBC.*

Gerade daran kann man aber meines Erachtens die globale Orientierung des Senders ablesen, die in der Präambel des Kodex bereits verankert ist. Der Sender verortet sich damit weder nationalstaatlich noch als „regional", sondern deutlich als *global player* in der internationalen Medienlandschaft. Der Kodex als Dokument weist dementsprechend neben seinem regulativen Charakter durchaus auch einen symbolischen auf.[86]

4.2 *Al-Jazeeras* Ethos: zwischen Selbstrepräsentation und Fremdzuschreibung

Das Ethos der Institution *Al-Jazeera* wird, wie oben bereits angemerkt, in einem wechselseitigen Prozess von Selbstrepräsentation und den Zuschreibungen von außen hergestellt. Ich stütze mich in diesem Abschnitt insbesondere auf die Ausführungen des arabischen Medienwissenschaftlers Adel Iskandar[87], der in seinem Artikel "Is *Al-Jazeera* Alternative? Mainstreaming Alterity and Assimilating Discourses of Dissent" (2006) diesen Prozess einleuchtend darstellt, wobei er dabei nicht explizit von Ethos spricht.[88] Gerade weil die

[86] Die Begriffe "symbolic" und "regulativ" benutzt Cooper (1989: 235f) in seinem methodischen Text zur Analyse und Vergleich von Kodizes.

[87] Adel Iskandar ist ein in Ägypten geborener und heute den USA lebender Medienwissenschaftler, postkolonialer Theoretiker und ein Aktivist der arabischen Medienreform. Mit Mohammed El-Nawawy gab er eines der bedeutendsten Bücher über *Al-Jazeera* heraus (El-Nawawy/Iskandar 2002a).

[88] Die anderen Studien über den Sender beschäftigen sich oftmals vorrangig mit den politischen Einflüssen in der arabischen Welt. Der Großteil der Literatur über *Al-Jazeera* stammt dabei aus dem anglo-amerikanischen Raum. Die wichtigsten Monografien sind: Mohamed El-Nawawy und Adel Iskandar, 2002: *Al-Jazeera: How the Arabs News Network Scooped the World and Changed the Middle East.* Cambridge; Hugh Miles, 2005a: *Al-Dschasira. Ein arabischer Nachrichtensender fordert den Westen heraus.* Hamburg (deutsche Übersetzung); Mohamed Zayani und Sofiane Sahraoui, 2007: *The Culture of Al-Jazeera: Inside an Arab Media Giant.* Jefferson u. a. In Deutschland arbeitete vor allem Kai Hafez, Professor für Vergleichende Medienforschung an der Universität Erfurt, zu *Al-Jazeera.* Siehe: Kai Hafez, 2004: „Arabisches Satellitenfernsehen – Demokratisierung ohne politische Parteien?" *Aus Politik und Zeitgeschichte* 48, S. 17–23. Im Jahr 2006 erschien als erste deutsche Buchveröffentlichung über den Sender *Al-Jazeera: Ein regionaler Spieler auf globaler Medienbühne* von Abdo

Frage nach dem alternativen Image des Senders im Laufe der Arbeit noch von Bedeutung sein wird, erscheint mir Iskandars Ansatz hier besonders fruchtbar. Zudem zeigt sich aus dieser Perspektive, dass das Ethos auch als Marketingressource funktioniert beziehungsweise strategisch eingesetzt wird.[89]

Selbstrepräsentation

"The opinion and the other opinion"[90] – dieser Slogan, mit dem *Al-Jazeera* für sich wirbt, ist wohl die bekannteste Selbstrepräsentation des Senders. Ähnlich wie der Ethikkodex, so ist auch dieses Motto des Senders an internationale Standards im Journalismus angelehnt und erinnert an das "get both sides of the story" aus dem anglo-amerikanischen Journalismus (vgl. Schleifer: 2001). Die Toleranz für Differenz ist in diesem Motto enthalten, das gleichzeitig auch für *Al-Jazeeras* Selbstentwurf als pluralistisches Forum steht (vgl. Zayani/Sahraoui 2007: 63f).

Der bei der *BBC* ausgebildete Chefredakteur *Al-Jazeeras* Ahmad al-Sheikh fasst in einem Interview mit der *BBC* Ende 2006 das journalistische Ethos des Senders folgendermaßen zusammen:

Be accurate, factual, be the first – that's not necessarily most important – and be with the human being all the time – you don't stay at the top getting the views of politicians and diplomats. (BBC Monitoring 2006)

Nach Al-Sheikh sind nicht nur Normen der journalistischen professionellen Praxis, wie Genauigkeit und Schnelligkeit, für *Al-Jazeera* relevant sondern auch eine weitere Norm: „bleib immer nah an den Menschen". Diese demonstrierte „Menschlichkeit" ist elementar für das Ethos des Senders. *Al-Jazeera* präsentiert sich als der Sender mit einer „menschlicheren" Haltung, die dem

Jamil Al-Mikhlafy (Doktorarbeit in Medienwissenschaft an der Universität Marburg).

89 Das Ethos des Senders wird jedoch nicht nur in der Außenpräsentation, den Marketingstrategien oder der Rezeption produziert; diese Perspektive würde zu kurz greifen Das Ethos wird dadurch untermauert, dass Diskurse von oppositionellen Gruppen, wie beispielsweise von Islamisten, auf *Al-Jazeera* eine Bühne erhalten. *Al-Jazeera* inkorporiere dabei anti-hegemoniale Diskurse, so Iskandar (vgl. Iskandar 2006). Zwar werden diesen immer auch etablierte Stimmen entgegengesetzt, dass sie jedoch überhaupt eine Stimme erhalten, ist in keinem der Regierungssender in der arabischen Medienlandschaft denkbar. Auf das allgemeine Sendeprogramm kann ich im Rahmen dieser Arbeit nicht genauer eingehen. Dieses auf die praktizierte Ethik hin zu untersuchen, wäre ein anderer Ansatz, der, wie Iskandars Artikel verdeutlicht, interessante Erkenntnisse liefern kann.

90 Direkte Übersetzung des arabischen Logos „al-ra'i wa-l-ra'i al-akhir".

Menschen Vorrang vor Faktizität und Schnelligkeit[91] gewährt und sich nicht auf die Perspektive offizieller Repräsentanten beschränkt. Diese Repräsentation nach außen lässt sich auch in den Werbestrategie des Senders wiederfinden, in denen *Al-Jazeera* als „alternatives" Medium vermarktet wird:

With more than 30 bureaus and dozens of correspondents covering the four corners of the world Aljazeera has given millions of people a refreshing new perspective on global events. Free from shuttles of censorship and government control Aljazeera has offered its audiences in the Arab world much needed freedom of thought, independence, and room for debate. In the rest of the world, often dominated by the stereotypical thinking of news "heavyweights", Aljazeera offers a different and a new perspective.[92]

In der Selbstpräsentation des Senders wird die Besonderheit, seine andere und neue Perspektive herausgestellt. Kontrastiert wird diese mit den durch Zensur geprägten arabischen Medien auf der einen und der „restlichen Welt" – in der die „Nachrichtenschwergewichte" das Denken beherrschen – auf der anderen Seite. *Al-Jazeera* präsentiert sich als globale mediale Alternative mit „erfrischend neuen Perspektiven".

Ein Werbeslogan des Senders der genau dieses Bild bedient und gleichzeitig produziert, verdeutlicht dies: "Everybody watches CNN, but who is CNN watching...*Al-Jazeera*".[93] Der Slogan ist auf einem mosaikartigen Hintergrund kleiner Bilder aus dem *Al-Jazeera* Programm platziert. Wiederum wird also durch die Differenz zu „den Anderen" die Eigenheit markiert.

By juxtaposing the mainstream global media establishment (in this case CNN) with the dissident, Al Jazeera not only confirms its alterity, but also suggests it has more indigenous connection to reality,

so die Interpretation Adel Iskandars (Iskandar 2006). Auch der am Flughafen von Doha aufgehängte Werbeslogan wirbt mit der alternativen Perspektive des Senders:

---

[91] Wobei Schnelligkeit ein wichtiger Wettbewerbsfaktor ist, mit dem auch geworben wird. Ein Werbeslogan ist zum Beispiel: "Hot News wherever you are." Dazu ist ein frischgebackenes noch dampfendes, arabisches Brot zu sehen.

[92] Offizielle Präsentation des Senders auf der englischen Webseite *Al-Jazeeras*. In: "About *Al-Jazeera*" (a. a. O.).

[93] Dieses Werbeplakat hängt auch im Pariser *Al-Jazeera*-Büro an der Wand.

If Arabs write from right to left, they probably also look at and see things in another way. We can help to understand that way by offering the other side of the story; it is important after all that you get the whole story. (Zitiert nach Zayani/Sahraoui 2007: 63)

Hier wird wiederum eine spezifische arabische Perspektive proklamiert, die es zu unterstützen gilt und der als imaginärer Gegenpart eine andere nicht-arabische (=westliche?) Perspektive gegenübergestellt ist.
In diesen Selbstrepräsentationen wird deutlich, dass *Al-Jazeera* mit seinen Marketingstrategien stark an der Produktion und Aufrechterhaltung des (Selbst-)Bildes als mediale „Alternative" und des Images als besonders fair und „authentisch" beteiligt ist. Das symbolische Kapital des Senders als alternatives Medium, das den „Diskurs der Subalterne"[94] verkörpert, wird mittels Marketingstrategien produziert beziehungsweise untermauert. Nichtsdestotrotz formuliert *Al-Jazeera* in der Selbstrepräsentation aber seine ethische Haltung und normative Maßstäbe, wie die „Nähe zu den Menschen" zu behalten, eine „arabische Perspektive" einzunehmen sowie seinen Zuschauern neue Perspektiven zu präsentieren.

Fremdzuschreibung

Die Selbstrepräsentation *Al-Jazeeras* als mediale Alternative wird wiederum durch die spezifische Rezeption und Wahrnehmung des Senders und den darin vorgenommenen Zuschreibungen untermauert. So haben, nach Iskandar (2006), besonders frühe Studien aus dem Westen über den Sender aber auch arabische Medienwissenschaftler zu dem Bild *Al-Jazeeras* als „alternativem Mediennetzwerk" beigetragen.[95]
Hazem Saghieh[96] fasst in seinem Artikel "*Al-Jazeera*: The world through Arab eyes" (2004) den Einfluss des Senders folgendermaßen zusammen: *Al-Jazeera* habe mit dem westlichen Medienmonopol in der arabischen Welt gebrochen,

[94] Iskandar klärt bzw. problematisiert den Begriff nicht näher und benutzt ihn in meiner Lesart im Sinne von „kolonialisierten Bevölkerungen im Allgemeinen" (Dietze 2005:312), bzw. „Unterdrückten". Auf dessen Bedeutung im Kontext der Postkolonialen Theorie, werde ich in 5.1 näher eingehen.

[95] Dazu gehört auch Iskandar selbst. Durch seine 2002 und 2003 zusammen mit El-Nawawy herausgegebenen Bücher über *Al-Jazeera* war er mit an der Produktion dieses Bildes, das er im TBS Artikel von 2006 dekonstruiert, beteiligt.

[96] Hazem Saghieh ist politischer Chefredakteur der in London stationierten arabischsprachigen Zeitung *Al-Hayat* und Autor zahlreicher Bücher zu zeitgenössischer arabischer Politik und Kultur.

die Weise, in der Journalisten in der Region arbeiteten nachhaltig beeinflusst[97] und den Arabern geholfen, ihr kollektives Selbstbewusstsein aufzuwerten. Diese dem Sender zugeschriebene Perspektive spiegelt sich schon im Titel des Artikels wieder. In der (wissenschaftlichen und journalistischen) Literatur zu *Al-Jazeera* ist die verbreitete Auffassung: *Al-Jazeera* hat die Form der politischen Diskussion in der arabischen Welt entscheidend verändert und stellt verglichen mit den staatlichen arabischen Fernsehsendern ein alternatives Medium dar (vgl. bspw. Miles 2005a).

Auf die sich durchaus wandelnde Rezeption des Senders im „Westen" kann ich hier nur kurz eingehen.[98] Festzuhalten ist vor allem, dass sie das Ethos des Senders auf der internationalen Medienbühne mitstrukturieren. In der europäischen und US-amerikanischen Öffentlichkeit reicht das Spektrum der Zuschreibungen an *Al-Jazeera* vom als bedrohlich empfundenem "Bin-Laden TV"[99] oder *enfant terrible* der Nachrichtenlandschaft – das als anti-westlich, anti-semitisch und populistisch kritisiert wird (Zayani/Sahraoui 2007: 329) – auf der einen Seite; bis hin zur medialen Alternative und Vehikel für Reformbewegungen in der Region (ebd.: 34) auf der anderen. Unabhängig von dieser Beurteilung ist allen diesen Positionen gemeinsam, dass sie *Al-Jazeera* als indigen arabische und regionale Stimme wahrnehmen. Als solche wird dem Sender eine authentische Perspektive (auf die arabische Welt) zugeschrieben – was nicht unbedingt bedeutet, dass diese nicht als problematisch eingeschätzt werden kann. Besonders die Differenz zu den mehrheitlich im Dienste der autoritären Regimes stehenden Medieninstitutionen ist für diese Bewertung ausschlaggebend. Teilweise speisen sich diese Zuschreibungen aber auch allein aus dem Umstand, dass *Al-Jazeera* arabisch ist und sich sprachlich und durch den kulturellen Hintergrund von den anderen großen internationalen Medienanstalten unterscheidet.

In den unterschiedlichen Zuschreibungen an den Sender wird das Ethos des Senders als Gegenstimme und Alternative demnach mitproduziert. Gerade auch die kritischen Stimmen aus dem „Westen" bestärken den Sender in seiner vermeintlich oppositionellen Sonderrolle.

---

[97] So zum Beispiel in Richtung von investigativem Journalismus und "field reporting".

[98] Die Reaktionen auf *Al-Jazeera* in den USA und Europa differieren aber beispielsweise stark voneinander: Während in den USA *Al-Jazeera* eher als Teil des Problems im Nahen Osten gesehen wird, betrachtet man in Europa den Sender eher als Teil der Lösung, so Hugh Miles (Miles 2005b: 143).

[99] *The Daily Telegraph* (zitiert nach: Miles 2005b: 144).

Den Diskurs von *Al-Jazeera* als alternativem Medium schätzt Iskandar hinsichtlich seiner Förderung durch die katarische Regierung und die kommerzielle Struktur des Netzwerkes, die den großen internationalen Satellitennetzwerken ähnelt, kritisch ein. Die Definition von „alternativen Medien" widerspreche zudem in vielen Punkten *Al-Jazeeras* Praktiken. Allein im editorialen Ansatz der „kontextuellen Objektivität"[100], sieht Iskandar ein alternatives Charakteristikum, wobei auch dieser Ansatz „geborgt" sei und so nicht als spezifisch für *Al-Jazeera* gelten kann. Seine These ist, dass *Al-Jazeera* zwar nicht mit einer sozialen Bewegung verbunden ist und auch keine ideologisch kohärente Position aufweist, aber als vermenschlichte Medienorganisation Alterität[101] personifiziere.[102] In diesem Sinne ist *Al-Jazeera* als Institution meines Erachtens nicht nur ein bestimmtes Ethos zu Eigen, sondern ist selbst als ein Ethos zu beschreiben.

4.3 Ethik, Ethos und Journalismusmodell(e)

Die normative Ausrichtung *Al-Jazeera* auf der internationalen Medienbühne ist somit durch zwei Pole charakterisiert: einmal durch die Repräsentation als alternative und „authentisch-arabische" Stimme und gleichzeitig als *global player*, der professionell, das heißt schnell und effizient, arbeitet. Die erste Dimension der Ausrichtung macht den Ethos des Senders aus und ist als eine politisierte Haltung zu beschreiben: *Al-Jazeera* versteht sich als Gegengewicht

100 El-Nawawy und Iskandar beschreiben mit "contextual objectivity" das Dilemma in der Kriegsberichterstattung *Al-Jazeeras*: Auf der einen Seite versuche der Sender gemäß seines Mottos ("The Opinion and the Other Opinion") beide Seiten darzustellen, auf der anderen Seite aber die Werte und Gefühle seiner arabischen Zuschauer anzusprechen (vgl. El-Nawawy/Iskandar 2002b).

101 Iskandar bezieht sich in seiner Begriffsklärung von Alterität zunächst auf A. Schutz, der Alterität im Bildungskontext als "absolute otherness" beschreibe (Schutz, Aaron, 1998: Caring in school is not enough: Community and the limits of alterity. *Educational Theory* 48,3, S. 373-394). Er zieht aber auch die postkoloniale Definition von Alterität Ania Loombas (1998) heran. Sie charakterisiert Alterität als Kooption von „verwestlichten" postkolonialen Intellektuellen und Institutionen, die so Gefahr laufen zu, wie sie es nennt, "otherness machines" zu werden und die in erster Linie Alterität herstellen sollen (Ania Loomba, 1998: *Colonialism/Postcolonialism*. New York). Die Popularisierung und das Mainstreaming von Alterität sei sowohl dem kolonialen Unterfangen als auch der nicht opportunistischen Exotisierung des Anderen zu eigen, so Iskandar, und bei Medieninstitutionen besonders verbreitet. So werden sich subalterne Diskurse von Medieninstitutionen einverleibt. In Bezug auf *Al-Jazeera* schlussfolgert er: "*Al-Jazeera*'s self-promotion as a counter-hegemonic news provider is an example of alterity mainstreamed." (Iskandar 2006)

102 *Al-Jazeera* sei selbst zu einer sozialen Bewegung geworden, wie an der Gruppe "Friends of *Al-Jazeera*" deutlich werde, so Iskandar. (Diese Unterstützergruppe, von südafrikanischen, sudanesischen und jordanischen Aktivisten initiiert, ergreift für den Sender Partei und versucht die Vorteile gegenüber *Al-Jazeera* abzubauen. 2005 machte sie auf sich aufmerksam, zurzeit, Stand 2009, ist auf deren Website allerdings nicht mehr zugreifbar.)

auf der von westlichen Akteuren dominierten Medienbühne und strebt an, der „arabischen" Perspektive – so heterogen diese auch sein mag – Gewicht zu verleihen. Diese Haltung ist dagegen kaum in der formalen Ethik des Senders sichtbar. Die zweite Dimension beinhaltet demgegenüber, dass der Sender sich an den internationalen Standards im Journalismus orientiert. Sie zeigt sich sowohl im Ethikkodex des Senders, der sich an internationale Kodizes im Journalismus anlehnt, als auch in den Werbestrategien des Senders. Alterität – im Sinne der absoluten Andersartigkeit – und Professionalität sind demnach beide als Werte bei *Al-Jazeera* verankert.

Welches Journalismusmodell implizieren aber die hier beschriebenen Werte und insbesondere das Ethos *Al-Jazeeras*?

Im Selbstanspruch des Senders, konkurrenzfähig (also effizient und schnell) zu sein und in der Orientierung an den internationalen Standards lassen sich meines Erachtens die Normen des Informationsjournalismus' wiederfinden (vgl. S. 35). Wie bei vielen andern Sendern auch, stellt bei *Al-Jazeera* der Informationsjournalismus das dominante Journalismusmodell dar. Dieses Modell ist in der Berichterstattung vor allem durch den Nachrichtenwert strukturiert. Zayani und Sahraoui bezeichnen so die Produktion von "Breaking News" als einen der zentralen Werte bei *Al-Jazeera* (2007: 60).

Darüber hinaus weist aber insbesondere das Ethos des Senders, so meine These, auch Züge des advokativen Journalismusmodells auf. Entsprechend des klassischen advokativen Journalismusmodells übernimmt der Journalist die Anwalts-Rolle für diejenigen, die über keine Vertreter verfügen (s. Janowitz 1975). In der Praxis der Berichterstattung beinhaltet dieses Modell die „Platzierung von Minderheitenthemen auf der öffentlichen Agenda" sowie die „Kritik der Frames, die von politischen Machthabern verwendet werden" (Hafez 2002: 111, 48).[103] *Al-Jazeeras* Ethos weist Bezüge zu diesem Journalismusmodell auf, zeichnet sich das Selbstverständnis des Senders doch gerade durch die Präsentation von „alternativen Perspektiven" und der "other side of the story" (s. o.) aus. Auch im Programm des Senders wird die Bedeutung dieser Werte deutlich: *Al-Jazeera* lässt so beispielsweise in *The Opposite Direction* „nonkonformistische Stimmen", oft im Ausland lebende Oppositionelle,

[103] Ein Frame „ist die kleinste Texteinheit, die ein Ereignis/eine Handlung erklärt, es/sie von anderen Deutungsmöglichkeiten abgrenzt (Rahmen-Setzung) und dem Ereignis dadurch einen spezifischen Sinn verleiht." (Hafez 2002: 47) Framing („Einrahmen") beschreibt so den Prozess, in dem Ereignisse und Themen von Medienakteuren durch Auswahl, Kontextualisierung, Betonung und Wertung in einen spezifischen Interpretationsrahmen gelegt werden.

zu Wort kommen. In der Selbstdarstellung als „Stimme der Anderen" und auch in der Praxis steht *Al-Jazeera* so in der Tradition des advokativen Journalismusmodells. Die von Iskandar angesprochene Verkörperung des Diskurses der Subalterne durch *Al-Jazeera* entspricht ebenfalls bis zu einem gewissen Grad diesem Modell.

Abschließend lässt sich so konstatieren, dass *Al-Jazeeras* normative Maßstäbe in der formalen Ethik und dem Ethos Ähnlichkeiten zum informativen wie advokativen Journalismusmodell aufweisen. Die normativen Ansprüche dieser Modelle spiegeln sich dann wiederum in den unterschiedlichen Programmen des Senders sowie auch in Beiträgen einzelner Journalistinnen/Journalisten wider. Es ist demnach nicht von einem einheitlichen Modell, sondern multiplen Bezügen zu sprechen.[104]

Rabinow's Ansatz wieder aufnehmend, lässt sich die These bekräftigen, dass die moralische Ausrichtung auch die Wissensproduktion beeinflusst. Denn je nachdem welchem Journalismusmodell gefolgt wird, wird die Beitragsproduktion anders strukturiert und hat so Auswirkungen auf das Wissen selbst. In der Diskussion der Übertragbarkeit dessen Konzept habe ich bereist auf die unterschiedlichen Wissensformen verwiesen (S. 36f), hier zeigt sich nun die Verbindung zwischen journalistischen Werten und Wissensformen.

Inwieweit die von mir untersuchten Korrespondenten das Ethos *Al-Jazeeras* und die damit verbundenen Journalismusmodelle vertreten und welche Relevanz sie in der journalistischen Praxis haben, wird in den nächsten Kapiteln anhand konkreter Repräsentationen der Journalisten ihres Senders und ihrer Arbeitspraxis thematisiert.

[104] Es lassen sich bei *Al-Jazeera*, in den Formaten neben der reinen Nachrichtensendung, wie in den ausgestrahlten Features und Reportagen, auch Züge eines interpretativen Journalismus ausmachen. Wobei sich dieses Journalismusmodell nicht immer klar vom Informationsjournalismus abgrenzen lässt bzw. teilweise darin enthalten ist.

5 Journalistische Praxis im Kontext

In diesem Kapitel untersuche ich die journalistische Praxis der Korrespondenten von *Al-Jazeera* in Berlin und Paris im lokalen Kontext. Die Repräsentanzansprüche seitens der arabischsprachigen Community, die Forderungen der Senderzentrale nach Produktivität und Effizienz und nicht zuletzt die eigenen Ansprüche der *Al-Jazeera*-Korrespondenten strukturieren, neben anderen Faktoren, die Praxis maßgeblich. Das Ziel ist es, deutlich zu machen, wie die Korrespondenten versuchen, den vielfältigen Anforderungen von außen als auch den Selbstansprüchen gerecht zu werden und dabei gleichzeitig „professionell" und „objektiv" zu berichten. „Professionalität" fungiert, so meine These, dabei sowohl als ethische Norm und professionelles Handlungsmuster in der Praxis als auch als Legitimierungsstrategie. Insbesondere konzentriere ich mich in diesem Kapitel auf das spannungsreiche Verhältnis zwischen dem Ethos *Al-Jazeeras* und der journalistischen Praxis.[105] Die Frage, ob *Al-Jazeera* in seiner Berichterstattung wirklich für den „globalen Süden", die Unterdrückten und Marginalisierten spricht bzw. sprechen kann, wie im Ethos Senders als Anspruch enthalten, ist dabei zentral.

Zunächst beleuchte ich in 5.1 das Bild, welches die Korrespondenten von „ihrem Sender" haben. Darin werden ihre eigenen Vorstellungen von gutem Journalismus sichtbar sowie ihre Eigenwahrnehmung als *Al-Jazeera*-Journalisten deutlich. Das Ethos der Institution zeigt sich hier auf der Ebene der einzelnen Mitarbeiter. In den folgenden zwei Teilen wird dann die Ebene der konkreten Arbeitspraxis im lokalen Kontext beschrieben. In 5.2 zeige ich anhand eines Ausschnitts aus der Produktion eines Beitrages, wie Professionalität auf der Ebene von Interaktion ausgehandelt wird und über welche professionellen Strategien die Journalisten verfügen. Die journalistische Praxis der Korrespondenten in Beziehung zur „arabischsprachigen Community"[106] und

[105] Interessant wäre es auch, die Berichterstattung über die Unruhen in den Banlieues (dt. Vorstädte) inhaltlich näher zu untersuchen und zu fragen, inwieweit sie einen Gegendiskurs eröffnen. Im Rahmen dieser Arbeit stütze ich mich in erster Linie auf meine eigenen Beobachtungen beziehungsweise Beiträge, deren Produktion ich miterlebt habe.

[106] Diese Bezeichnung stammt aus dem Feld selbst. Michel al-Kik benutzt diese Bezeichnung im Zusammenhang mit der Begründung, warum auch in Paris ein *Al-Jazeera*-Büro eröffnet wurde (vgl. Kapitel 2.2). Abner Cohen (1985) definiert Community als symbolisches Konstrukt mit symbolischen Grenzen, das auch eine mächtige Ressource darstellen kann. Ich bin mir über die problematischen Implikationen des Community-

die lokale Rolle der *Al-Jazeera*-Büros untersuche ich dann in 5.3. Dabei gehe ich auf die Zugänge zu spezifischen Milieus und Orten, die den Korrespondenten ermöglicht werden und die Erwartungen, die an sie gestellt werden, ein. Anhand von Interaktionssituationen von Journalisten mit Teilen dieser Community und der Art und Weise wie über sie berichtet wird, analysiere ich den Umgang der Korrespondenten mit den Erwartungshaltungen in der Praxis. Im Feld der Berichterstattung über die arabischsprachige Community zeigen sich die Spannungsfelder in der Arbeitspraxis des *Al-Jazeera*-Journalisten zwischen Repräsentanzansprüchen, *Al-Jazeera*-Ethos und Professionalitätsansprüchen besonders deutlich. In 5.4 lege ich dann den Fokus auf die Selbstverortung der Korrespondenten und ihre Reflexionen über Zugänge und ihre soziale Rolle. In den unterschiedlichen Erklärungen ihres Handelns, ihren voneinander differierenden professionellen Selbstansprüchen und Konzeptualisierungen von journalistischer Objektivität zeigen sich die Varianzen und Spielräume im Feld.

5.1 Das „Gefühl" *Al-Jazeera*

Was uns unterschieden hat, vor allem früher, ist vielmehr das Gefühl. Al-Jazeera ist ein Gefühl. Sprich, man übernimmt eine Rolle, vielleicht nicht einmal die eigene, aber man übernimmt sie einfach. Das ist einmal der Sender aus dem Süden, der immer kontra ist. Das ist nicht, was ich bin, sondern was ich nicht bin. [...] Ich bin der Sender, der CNN, BBC ein Gegengewicht bietet. Wir sind die Anderen. Wahrscheinlich ist dahinter so eine Art Unterdrückten-Unterdrücker-Schema vorhanden, so eine Art Robin Hood-Sender, der die Reichen beklaut und die Armen beschenkt. Aber das ist wiederum nicht ganz wahr, weil wir aus Katar kommen, was ein sehr reiches Land ist, mit einem höheren Einkommensdurchschnitt als in Amerika. Aber das ist auf jeden Fall drin, dieses Südländische, die Stimme der Unterdrückten, der Minderheiten, der Anderen, die mit dieser globalisierten Welt nicht übereinstimmen. Jeder auf dieser Welt kennt

Begriffs bewusst, impliziert dieser in seiner traditionellen Bedeutung doch eine geschlossene homogene Gemeinschaft, mit gemeinsamen Interessen, gemeinsamer Sozialstruktur etc. Der realen Heterogenität der Menschen mit arabischen (Migrations-)Hintergründen wird dies weder in Frankreich noch in Deutschland gerecht. Als Arbeitsbegriff erscheint mir der Begriff arabischsprachige Community sinnvoll, da er zum einen auf die sprachliche (nicht vorrangig religiöse oder kulturelle) Gemeinschaft fokussiert und zum anderen die Perspektive der Journalisten mit einbezieht.

Coca Cola, jeder kennt Bush und weiß, dass es einen Krieg gegen den sogenannten Terrorismus gibt und keiner weiß, was das alles soll, Soldaten von Afghanistan bis zum Horn von Afrika, und die sterben und die leben und keiner weiß, was Sache ist. Hier ist ein Sender, der das Ganze irgendwie anders sieht, oder vorgibt, das anders zu sehen. Zumindest die Mitarbeiter glauben, dass wir das anders sehen. (Aktham Suliman)[107]

In diesem Interviewausschnitt mit dem Berliner Korrespondenten spiegelt sich das in Kapitel 4.2 beschriebene Ethos *Al-Jazeeras* konkret in der Perspektive eines Mitarbeiters. Was Aktham Suliman hier als „Gefühl *Al-Jazeera*" beschreibt, steht in meiner Analyse für einen Teil des *Al-Jazeera*-Ethos', also der spezifischen Grundhaltung eines Mitarbeiters der Institution. Das Ethos der Institution und das professionelle Ethos des Journalisten werden hier als zwei eng miteinander verbundene Ebenen sichtbar.
Aktham Suliman spricht von einer ganz spezifischen Rolle, die man als Journalist von *Al-Jazeera* besonders in der Anfangszeit des Senders übernommen habe, die aber auch heute noch relevant sei. Diese von ihm beschriebene Rolle stimmt mit dem Image des Senders als mediale Gegenstimme überein, die besonders über die Abgrenzung zu anderen aufgebaut wird. So liegt die Betonung in seiner Darstellung auch nicht auf dem „was er ist", also beispielsweise einer eingenommenen Position, sondern auf dem „was er nicht ist", wogegen er sich wendet. Dabei ist der Sender nicht einfach nur kontra. Sein Selbstverständnis und sein Image werden durch eine Negativabgrenzung konturiert. Ein „Gegengewicht" zu sein, die „Anderen", das mache das „Gefühl *Al-Jazeera*" aus, so Aktham Suliman. Dieses „Gefühl" ist demnach die Differenz zu anderen (westlichen und arabischen Sendern, Journalisten etc.). Die Beschreibung ist durch einen bestimmter Pathos gekennzeichnet: *Al-Jazeera* als der Sender aus dem Süden, der Sender der Unterdrückten, Minderheiten und Globalisierungskritiker. Aktham Suliman präsentiert das Ethos *Al-Jazeeras* als besonders politisch korrekt: *Al-Jazeera* als der „Robin Hood" in der Nachrichtenwelt, der diejenigen vertritt, die sonst keine Stimme haben. Demnach kommt der/die/das Andere, das ehemals Koloniale und Unterdrückte bei *Al-Jazeera* zu Wort und vertritt seine Sicht auf die Welt. *Al-Jazeera* steht somit für eine alternative, widerständige und außerhalb des dominanten Diskurses verortete Weltsicht.

107 Interview mit Aktham Suliman am 03.07.2006.

Das hier formulierte Ethos *Al-Jazeeras*, alternativ zu sein und für die Unterdrückten zu sprechen, führt zu einer großen Erwartungshaltung an den Sender und seine Journalisten und wirft die Frage nach der Einlösbarkeit der hohen moralischen Ansprüche auf. In diesem Zusammenhang drängen sich die Debatten innerhalb der postkolonialen Theorie über Repräsentation geradezu auf.[108] In den theoretischen Diskussionen problematisieren sie die Repräsentation der Stimme der Unterdrückten und beleuchten die Machtverhältnisse des Repräsentationsprozesses. Dabei wird kritisch hinterfragt, wer überhaupt über die Kanäle, den Einfluss, die Macht und die Sprache(n) verfügt, um diejenigen zu repräsentieren, die sich vermeintlich nicht selbst repräsentieren können. In „Kann die Subalterne sprechen?“ (1990) fragt so die postkoloniale Theoretikerin Gayatri Chakravorty Spivak provokativ danach, ob die als „subaltern“ bezeichneten Gruppen für sich selbst sprechen können oder nicht per se in den in Politik und Wissenschaft vorherrschenden Diskursen im Sprechen über sie gefangen bleiben. Gleichzeitig warnt sie davor, postkoloniale Intellektuelle, die im Namen der Unterdrückten und Entrechteten sprechen, als deren legitime Stimme zu betrachten. Subalterne im Sinne Spivaks bedeutet keine marginalisierte Perspektive per se (vgl. Castro Varela/Dhawan 2005: 67), sondern beinhaltet äußerst multiple Positionen und Perspektiven.[109] Ob *Al-Jazeera* als Institution in diesem Sinne als eine „Stimme der Unterdrückten“ angesehen werden kann, ist äußerst fragwürdig, macht doch insbesondere die Heterogenität subalterner Positionen diesen Anspruch geradezu unmöglich.

Aktham Suliman präsentiert das Ethos des Senders im obigen Interviewzitat durchaus nicht ungebrochen. So pendelt er in seiner Beschreibung zwischen „ich“ und „wir“ hin und her und Aussprüche wie „Zumindest die Mitarbeiter glauben das...“ verweisen auf die Differenz von Innen- und Außenwahrnehmung. Er hält also trotz seiner emphatischen Darstellung der Kernpunkte des

[108] Zu den wichtigsten Vertreterinnen und Vertretern der Postkolonialen Theorie gehören Edward Said, Gayatri Chakravorty Spivak und Homi K. Bhabha. Für eine Einführung in die Postkoloniale Theorie, siehe: Castro Varela/Dhawan 2005.

[109] Das Konzept selbst beruht auf der Gramsci-Interpretation des indischen Historikers Ranajit Guha. Gramsci bezeichnete damit zunächst diejenigen, die keiner hegemonialen Klasse angehören und politisch unorganisiert sind. Guha bezeichnet mit „subaltern“ in einer Weiterentwicklung des Begriffs einen Raum im kolonialisierten Gebiet, der von allen „Mobilitätsformen“ abgeschnitten ist. Für Spivak fungiert der Begriff als eine alternative Bezeichnung (entgegen der machtvollen Bezeichnungen wie „die Kolonisierten“ u. ä.) für „heterogene Subjektpositionen, die innerhalb präkolonialer und kolonialer Strukturen [...] in unterschiedlicher Weise ausgebeutet und unterdrückt worden sind.“ (Castro Varela/Dhawan 2005: 67) Sie wehrt sich damit gerade gegen eine Verallgemeinerung dieser Positionen, die erhebliche soziale Differenzen aufweist. (Vgl. ebd.: 55–81)

Al-Jazeera-Ethos eine kritische Distanz zu dieser Repräsentation des Senders und beschreibt selbstreflexiv seine eigene Mitarbeiterperspektive.
Dass hier von Gefühl gesprochen wird, verweist auf die stark emotionale Komponente des Ethos', die sich auch in den anderen Interviews zeigt.[110] Außer Aktham Sulimam spricht auch Ayache Daraji in Paris davon, dass man sich als „Teil von *Al-Jazeera* fühle"[111], und Husam Chadat benutzt diese Beschreibungsform ebenfalls:

Jeder der bei Al-Jazeera arbeitet hat das Gefühl, wir sind die Besten, wir sind der meistgesehenste Sender in der arabischen Welt. Das habe ich deutlich gespürt. Jede Umfrage zeigt, dass 85% Al-Jazeera gucken. Was die Glaubwürdigkeit anbelangt, ist Al-Jazeera in der arabischen Welt die Nummer eins. Und deswegen fühlen sich die Journalisten die dort arbeiten so stolz, dass sie in dieser Firma arbeiten.[112]

In diesem Zitat wird deutlich, dass die Popularität des Senders in der arabischen Welt das Selbstverständnis der Journalisten *Al-Jazeeras* entscheidend beeinflusst und sie sich dadurch in ihrer Einzigartigkeit bestätigt sehen. Wobei Husam Chadat die große Popularität als Bestätigung der guten Qualität („wir sind die Besten") beschreibt, beide Kategorien also direkt miteinander in Beziehung setzt. Die dem Sender zugeschriebene „Glaubwürdigkeit" spielt somit auch eine wichtige Rolle für das Ethos und die praktische Ethik des einzelnen Korrespondenten. Husam Chadat beschreibt das professionelle Selbstverständnis der *Al-Jazeera* Journalisten hier allerdings aus einer etwas distanzierteren Perspektive als Aktham Suliman. Er redet von ihnen fast so, als würde er selbst nicht dazugehören. Als noch relativ neuer Journalist bei *Al-Jazeera* hat er das „Gefühl" *Al-Jazeera* demnach scheinbar noch nicht völlig verinnerlicht und beschreibt es eher aus der Außenperspektive. Die Rolle des erzählten Ethos wird in seiner Präsentation des Senders aber sichtbar:

Zum Beispiel, wenn du in den Krieg gehst, in den Irak oder so. Die Al-Jazeera Journalisten haben überhaupt keine Ausbildung, aber die haben

[110] Die Kategorie von „Gefühl" ist keine von mir an das Feld herangetragene. Ich frage weder, wie man sich als Korrespondent von *Al-Jazeera* fühle, noch ob es ein Gefühl *Al-Jazeera* gäbe, sondern nach dem, was *Al-Jazeera* ausmache.

[111] Interview mit Ayache Daraji am 04.05.2006.

[112] Transkribiertes Interview mit Husam Chadat am 20.07.2006.

mehr Mut, weniger Angst, die riskieren was... Die gehen mittenrein, ohne vorher Seminare belegt zu haben. Das war früher noch stärker, wo sie einfach aus Liebe zu ihrem Beruf ihr Leben riskierten – also in der Phase von Aktham, darüber hat er mir viele Geschichten erzählt. Vielleicht hätte ein westlicher Journalist noch mehr Angst gehabt. Wir haben alles gemacht, ohne Weste, die kam später dazu.[113]

Husam Chadat zeichnet ein Bild des *Al-Jazeera*-Journalisten, der mutiger und idealistischer ist als ein „westlicher Journalist", der sich trotz fehlender Ausbildung in Krisengebiete wagt und für „die Sache" alles riskiert. Gerade durch Unvorbereitetheit und eine gewisse Unprofessionalität scheint demnach der Geist der Anfangsphase von *Al-Jazeera* gekennzeichnet zu sein. Deutlich wird hier zudem, dass das „Gefühl" *Al-Jazeera* sich in der Differenz zu den westlichen Sendern zeigt, deren Journalisten zwar professioneller, aber eben weniger emphatisch für den „Beruf" eintreten. Am Ende formuliert Husam Chadat die Beschreibung des erzählten „Früher" der anderen dann doch im „Wir". Das verweist darauf, dass auch wenn es sich um weitererzählte Geschichten handelt, diese doch relevant für das professionelle Ethos des einzelnen Journalisten sind.

In der beschriebenen Entwicklungsgeschichte des Senders und seiner Journalisten von unprofessionellen Idealisten hin zu professionellen News-Journalisten erhält Professionalität einen jeweils unterschiedlichen Stellenwert. Einerseits wird die fehlende Professionalität in der Anfangszeit von *Al-Jazeera* versucht durch die Betonung von Werten wie von Mut und Idealismus auszugleichen. Andererseits äußert Aktham Suliman aber eher bedauernd, dass das „Gefühl" heute weniger ausgeprägt sei und hinterfragt im weiteren Gespräch, ob dieses mit zunehmender Professionalität nicht verloren gehe.[114] Gefühl und Professionalität werden hier im Sprechen der Journalisten gegeneinander aufgewogen.

Im Bild, das der Pariser Korrespondent Ayache Daraji von *Al-Jazeera* zeichnet, zeigt sich sein Ideal von Journalismus, das er in *Al-Jazeera* verwirklicht sieht.[115]

---

[113] Ebd.

[114] „Man muss auch zugeben, mit zunehmender Professionalität, das ist was Karl Marx Entfremdung nennen würde, die Arbeit wird verrichtet, von wem auch immer, wie auch immer, und es gibt Regeln an die sich jeder zu halten hat," so Aktham Suliman im Interview am 03.07.2006.

[115] Interview mit Ayache Daraji am 04.05.2006 (Feldforschungsnotizen). Die folgenden Ausdrücke in Anführungszeichen stammen von ihm.

Er hebt als Stärken *Al-Jazeeras* den „Multinationalismus" des Senders hervor ebenso wie die professionelle und die Herkunft betreffende Vielfalt der Journalisten. Dadurch würden im „professionellen Kompromiss" ausgewogene Resultate erzielt. Zwar gäbe es mehr Spannungen bei *Al-Jazeera*, aber das führe dazu, dass man lerne mit Kritik umzugehen und dass sich Selbstkritik geradezu zum Wert bei *Al-Jazeera* entwickelt habe. Dieser stärke wiederum das Selbstbewusstsein und führe dazu, dass *Al-Jazeera* über den Fehlern stehe, so Ayache Daraji weiter. Der Journalist schließt seine Ausführung dann mit dem Statement: „Wir sind die Besten." Ayache Daraji präsentiert mir ein Bild der Arbeit *Al-Jazeeras*, das sich durch vielfältige professionelle Einflüsse und ein hohes Maß an Selbstkritik auszeichnet. Die Form seiner Beschreibung und das ausgeprägte Selbstbewusstsein, mit dem er den Sender vorstellt, weisen allerdings auch darauf hin, dass sein Ideal der Selbstkritik durchaus seine Grenzen hat.

Ähnlich emotional aufgeladen beschreiben Zayani und Sahraoui (2007) aus ihren Gesprächen mit *Al-Jazeera*-Mitarbeitern deren Loyalität zu und Verpflichtung gegenüber dem Sender:

> *Many of the network staff we talked to have considerable faith in what Al-Jazeera does. For some, such a commitment emanates from a belief in Al-Jazeera as an independent Arab media project with high professional standards as an unprecedented margin of freedom. For others, the experience of Al-Jazeera defies rationalization; behind such it lies a somewhat transcendental element. (Zayani/Sahraoui 2007: 86)*

Doch nicht nur in den expliziten Fragen über *Al-Jazeera* in den Interviews, sondern auch im Arbeitsalltag führen mir die Korrespondenten ihr Bild von der Sonderrolle des Senders vor Augen. Besonders Noureddine Bouziane hebt mir gegenüber die Leistung *Al-Jazeeras* immer wieder hervor, ob durch die Betonung der Internationalität (beispielsweise die Besonderheit *Al-Jazeeras* beim Nachrichtenschauen: „Siehst du, wir sind überall!" und „Dort wo sie überall Korrespondenten haben – das kann nur klappen!"[116]) oder in Aussprüchen wie "We are always looking for the first and the best!"[117]. Die

[116] Feldforschungsnotizen vom 12.04. und 21.04.2006.

[117] Feldforschungsnotizen vom 20.04.2006. Die ersten beiden Aussprüche sind Übersetzungen aus dem Französischen. Der Letzte ist durch seine englische Formulierung geradezu ein Beweis des Journalisten für die eigene kosmopolitische Haltung.

Botschaft ist eindeutig: Wir sind international und professionell. Noureddine Bouziane, der zur Zeit meiner Forschung erst seit wenigen Wochen bei *Al-Jazeera* ist, zeigt eine größere Identifikation mit dem Sender als Husam Chadat und hebt dessen Position im internationalen Medienkontext hervor.[118] Hier deutet sich an, dass die Journalisten *Al-Jazeera* nicht vorrangig über die spezifische Perspektive oder gar als „Stimme der Unterdrückten" charakterisieren, sondern auch über das Erfüllen professioneller internationaler Standards und die Schnelligkeit von News. So hebt Aktham Suliman, wenn er über die eigene journalistische Praxis spricht, eher solche Dinge hervor, die seine Professionalität als das spezifische Ethos *Al-Jazeeras* zeigen. Nach den Bundestagswahlen im Oktober 2005 war er beispielsweise besonders stolz, dass er als erster – und das als es noch nicht endgültig feststand – veröffentlicht habe, dass Angela Merkel die neue Kanzlerin werde.[119] Das mir gegenüber präsentierte professionelle Selbstbewusstsein der Journalisten von *Al-Jazeera* ist sicherlich auch mit den konkreten Machtverhältnissen im Feld verbunden (s. Exkurs), in dem ich als studentische „Praktikantin" eine willkommene Zuhörerin für die Darstellung der Vorzüge *Al-Jazeeras* bin. Es verweist aber auch auf ihren Legitimierungs- und Professionalisierungsdruck als *Al-Jazeera*-Korrespondenten im europäischen Kontext.

Trotz aller Unterschiedlichkeit in den Statements der einzelnen Korrespondenten, ist ihnen gemein, dass sie in der Präsentation der eigenen professionellen Praxis weniger das Ethos des Senders, auf der Seite der Unterdrückten zu stehen, als die Professionalität als Newsjournalist hervorheben. Deutlich wird, dass die Journalisten nach außen hin ihre Loyalitäten zum Sender zeigen, selbst wenn es einige Kritikpunkte gibt. Im folgenden Abschnitt zeige ich wie Professionalität in Interaktionssituationen in der Arbeitspraxis ausagiert wird und die Journalisten sich hierbei an professionellen Handlungsmustern orientieren.

[118] Das Beispiel zeigt zudem, dass die Journalisten ihre Arbeit in einem internationalen journalistischen Feld imaginieren, in dem der Vergleich zwischen den großen Sendern, insbesondere den direkten arabischen ‚Konkurrenten' eine große Rolle spielt. Die Konkurrenz dient als Folie für die eigene professionelle Praxis. Besonders mit Al-Arabiyya, dem anderen großen arabischen Nachrichtensender wurden Vergleiche angestellt, die allerdings immer zugunsten *Al-Jazeeras* ausfielen. Einer der Kameramänner aus dem Pariser Büro äußerte sogar, dass das Problem von *Al-Jazeera* sei, dass es keine Konkurrenten habe. Als ich daraufhin fragte, ob Al-Arabiyya denn kein Konkurrent sei, antwortete er: ‚von der technischen Ausstattung vielleicht, aber nicht vom „niveau éditorial"'.

[119] Im informellen Gespräch am 21.03.2006.

5.2 Professionelle Praxis

Noureddine Bouziane, der neue Korrespondent bei *Al-Jazeera* Paris, initiiert im April 2006 einen Beitrag über das kurz zuvor veröffentlichte Buch *Les Mosquées de Roissy - Nouvelles révélations sur l'islamisation en France*[120] von Phillip de Villier. In diesem Buch zeichnet de Villier ein Szenario der Infiltrierung der Sicherheitsdienste an den Pariser Flughäfen durch „maghrebinische Islamisten" und der zunehmenden „Islamisierung" Frankreichs. Der geplante Beitrag solle, wie mir der Journalist erzählt, über die politische Situation in Frankreich - insbesondere die Strategien und Kämpfe (innerhalb) der französischen Rechten - und gleichzeitig über die Anschuldigungen, mit denen Muslime in Frankreich konfrontiert sind, informieren.[121] Da de Villier insbesondere die Sicherheitsdienste am Flughafen *Roissy Charles de Gaulle* beschuldigt, von Islamisten unterwandert zu sein, wird für den Beitrag an diesem Flughafen selbst gedreht.[122]

26.04.2006[123]: Ich treffe Elie Naccache, den Kameramann, um neun Uhr morgens im Büro und wir fahren mit dem Firmenauto Richtung St. Denis, um Noureddine Bouziane abzuholen und dann zum Flughafen Charles de Gaulle zu fahren. St. Denis liegt in der Banlieue von Paris, nur eine Station nördlich vom Nordbahnhof. Allerdings hat man hier den Eindruck, ganz weit weg vom Zentrum zu sein. Am Flughafen angekommen, Elie Naccache hat kaum die Kamera angemacht und richtet sie auf die Schalter der US-Airlines vor uns, fängt eine Frau an lauthals zu rufen, sie wolle nicht aufs Bild. Daraufhin schalten sich der Leiter des Schalters der US-Airlines sowie eine Security-Kraft des Flughafens ein, und Noureddine Bouziane muss erklären, wer wir sind,

---

[120] Dt.: „Die Moscheen von Roissy: Neue Enthüllungen über die Islamisierung in Frankreich."

[121] Am Ende der Produktion des Beitrages zum Buch de Villiers, als der Beitrag gerade fertig geschnitten war, sagt Noureddine Bouziane zu mir: „Weder Al-Arabiyya noch ein anderer arabischer Sender würde so einen Beitrag machen!" (Feldforschungsnotizen vom 27.04.2006) In dieser professionellen Selbstpräsentation mir gegenüber, stellte Noureddine Bouziane - wie in vielen anderen Momenten auch - die besondere Leistung *Al-Jazeeras* und indirekt natürlich auch seine eigene Leistung heraus. Noureddine Bouziane ist als Neuankömmling bei *Al-Jazeera* zudem noch in einer Profilierungsphase, in der er durch Beiträge über Themen, die eben nicht jeder andere Sender macht, auf sich aufmerksam macht. „So einen Beitrag" bezieht sich hier auf das Thema des Beitrags. Kein anderer Sender berichte über das Erscheinen des Buches de Villiers. Der besondere Blick des Senders und sein Interesse an Themen, die nicht immer große offizielle Tagespolitik sind, zeichnet den Sender nach Noureddine Bouziane aus.

[122] In der Logik des Nachrichtenwettbewerbs, die bei *Al-Jazeera* und im Nachrichtenjournalismus allgemein vorherrscht, werden aktuelle Bilder von den Orten des Geschehens bevorzugt, anstatt auf Archivmaterial zurückzugreifen. In dieser Logik wird mit solchen Bildern die Präsenz vor Ort bewiesen und zudem die Authentizität des Beitrags untermauert.

[123] Folgende Beschreibungen bauen auf meinen Feldforschungsnotizen vom 26.04.2006 auf.

und was wir filmen. Seine offizielle Erlaubnis stellt die beiden noch nicht zufrieden, und der Streit wird zunehmend laut und aggressiv. Noureddine Bouziane sagt spöttisch zu der erneut sich beschwerenden Frau, dass man schon bezahlen müsse, um bei *Al-Jazeera* zu laufen und an den Airlines-Angestellten gerichtet äußert er, dass wir „zum Glück in der République française und nicht in Amerika" seien. Der Journalist positionierte sich so zunächst deutlich als derjenige, der im Recht ist und zeigt, dass er die aggressive Reaktion der Angestellten dieser Flughafengesellschaft übertrieben findet. Den daraufhin eintreffenden Presseverantwortlichen des Flughafens erklärt Noureddine Bouziane dann, dass er seit zwanzig Jahren in Frankreich als Journalist arbeite und wisse, welches die öffentlichen und welches die privaten Räume seien. Im Gespräch mit den beiden Presseverantwortlichen zeigt sich Noureddine Bouziane weitaus kooperativer und setzt auf das Verständnis der beiden. Er rechtfertigt die Filmaufnahmen damit, dass es gar keine Nahaufnahmen seien, sondern lediglich die Flughafenatmosphäre aufgenommen würde und betont seine professionelle Arbeitsweise. Die Presseverantwortlichen zeigen sich verständnisvoll, einer entgegnet aber, dass man die Reaktionen verstehen müsse, denn die Situation sei zurzeit elektrisiert und alle seien äußerst sensibel.[124]

Im spannungsreichen Feld von erhöhten Sicherheitsmaßnahmen und einem veröffentlichten Buch über die Islamisierung des Flughafens *Charles de Gaulle* wird ein Filmteam als Bedrohung wahrgenommen. Der Streit um die Bildaufnahmen wird also durch den politischen Kontext gerahmt. Es geht hier nicht lediglich um Bilder; in der Situation werden gleichzeitig Macht und Professionalität in Frage gestellt und interaktiv erzeugt.[125] Die *Al-Jazeera* Journalisten werden in dieser Situation an ihrer professionellen Tätigkeit gehindert und Noureddine Bouziane versucht seine professionelle Legitimität zu verteidigen. In diesem Konflikt werden die professionellen Strategien der Journalisten im Umgang mit problematischen Filmaufnahmen sichtbar. Zwar sind konfliktbeladene Diskussionen um Aufnahmerechte bei Filmaufnahmen Teil der Arbeitspraxis von wohl jedem Journalisten. Wenn Noureddine zur Untermaue-

[124] Nach dieser Diskussion werden vom Parkhaus aus, unbeobachtet und ohne weitere Zwischenfälle, einige Minuten die die Flugzeuge ein- und ausladenden Angestellten gefilmt.

[125] Vgl. zu diesem Interpretationsansatz Beck 2000: 223. Zwar schlägt er diese Perspektive in Hinblick auf Wissensarbeit vor, aber ich halte insbesondere den Aspekt der interaktiven Herstellung von Professionalität auch in diesem Kontext für ausschlussreich. Siehe auch den Exkurs dieser Arbeit, in dem ich diese Interpretationsmethode explizit anwende.

rung seiner Kenntnis der professionellen Rechte seine Argumentation allerdings damit beginnt, dass er schon zwanzig Jahre in Frankreich arbeite, präsentiert er sich als jemand, der seine professionellen Rechte und Pflichten kenne und beweist seine lokale Kompetenz. Das verweist darauf, dass sein Umgang mit der Situation auch in Hinblick auf seine Position in Frankreich und den damit verbundenen Zuschreibungen interpretiert werden kann, und seine professionellen Strategien davon mitstrukturiert werden. Indem er seine Professionalität betont, verringert er die Angriffsfläche, diese abgesprochen zu bekommen. Noureddine Bouziane beschrieb mir in einem anderen Kontext, dass er so arabisch aussähe, dass nicht nur seine professionelle Legitimität angezweifelt würde, sondern auch ob er überhaupt legal in Frankreich leben würde.[126] Inwieweit die Flughafenszene mit solchen Zuschreibungen an die arabischen Journalisten verbunden ist, lässt sich aus meinem Material nicht endgültig klären.[127] In erster Linie lassen sich hier die professionelle Strategien im Umgang damit ablesen.

Auf dem Rückweg vom Flughafen war der erste Kommentar Noureddine Bouzianes zu mir: „Siehst du, es ist nicht leicht zu drehen!" Der Konflikt am Flughafen wird mir gegenüber als Beispiel für die besonderen Herausforderungen der professionellen Praxis präsentiert. Noureddine Bouziane erklärt während der Rückfahrt, es gebe nur zwei Möglichkeiten in solchen Situationen zu reagieren: erstens, zu sagen, ich kenne meine Rechte, was öffentlich und was privat ist oder, zweitens, sich zu entschuldigen. Er sei die erste Variante gefahren und auf Konfrontationskurs gegangen.[128] Die Haltung, die Noureddine Bouziane in diesem Fachgespräch einnimmt, ist die des erfahrenen Journa-

126 Als ich bei einem Interview im Wirtschaftsministerium meinen Personalausweis vergesse – dann aber trotzdem mit in das Ministerium darf, meint Noureddine Bouziane halb scherzhaft, halb ernst zu mir, das solle ich ihm nicht noch einmal antun. Elie gehe ja noch, der sähe eher wie ein Franzose aus (Elie Naccache wandte ein, wenn er anfinge zu sprechen, wäre das auch vorbei) aber er (Noureddine) sehe so arabisch aus, dass sie ihm gar nicht glaubten, das er überhaupt einen Pass habe. (Aus meinen Feldforschungsnotizen vom 13.04.2006)

127 Es weist lediglich darauf hin, dass die Arbeitspraxis vor Ort durch spezifische Zuschreibungen an einem als vermeintlich fremd wahrgenommenen Journalisten strukturiert ist und diese die Korrespondenten unter einen stärkeren Legitimierungsdruck ihrer Arbeit und Professionalität stellt, als Journalisten anderer, politisch weniger aufgeladener Sender und auch als französische Kollegen ohne Migrationshintergrund. Inwieweit sich die Professionalität beziehungsweise die Praktiken der Journalisten von *Al-Jazeera* im französischen Kontext durch die Zuschreibungen von außen anders gestalten, als die von Journalisten französischer Sender, kann ich aus Gründen fehlenden Vergleichsmaterials allerdings nicht beantworten. Besuche in der Assemblée Nationale oder in anderen offiziellen Institutionen stellen für die Korrespondenten zunächst kein Problem dar. Die *Al-Jazeera*-Journalisten sind innerhalb des journalistischen Feldes bekannt. Akkreditierungen in politischen Institutionen oder selbst bei einer Demonstration der *Front National* (zum Beispiel am 1. Mai 2006) gehören zum Arbeitsalltag.

128 Im weiteren Verlauf des Gesprächs amüsieren sich der Journalist und der Kameramann dann aber trotz allem Ärger über die Situation und Noureddine Bouziane über seine Sprüche zu den Angestellten.

listen (wie Elie Naccache die des erfahrenen Kameramanns), der durch seine berufliche Erfahrung jegliche professionelle, und so auch immer soziale Situation bewältigen kann. Das Abwägen und Einschätzen der Situation zeigt die jahrelange Berufspraxis, die zu einem situationsspezifischen Umgang führt, der wiederum, so meine These, ein Bestandteil der journalistischen Professionalität ist.

In diesem Gespräch wird deutlich, dass die Journalisten, um mit problematischen Filmaufnahmen umzugehen, professionelle Strategien mit unterschiedlichen Handlungsoptionen entwickeln. Das verweist einmal mehr darauf, dass solche Situationen für die (*Al-Jazeera*) Journalisten durchaus keine Einzelfälle sind. Weiter lässt sich argumentieren, dass Professionalität auch auf der Ebene der Interaktion verhandelt wird, und sich die Journalisten dabei an professionellen Handlungsmustern orientieren. Dabei betonen die Journalisten die „Professionalität" ihrer Arbeit auch um die eigene Praxis zu legitimieren.

5.3 *Al-Jazeera* und die arabischsprachige Community: gespaltene Loyalitäten[129]

Als ich im Gespräch mit Youssef Daccache, dem Pariser Produzenten von *Al-Jazeera*, auf die lokale Rolle des Senders zu sprechen komme, erzählt mir dieser, dass *Al-Jazeera* geradezu ein „télé sociale"[130] sei.[131] Die Leute wüssten jetzt, dass es jemanden gebe, der von ihren Problemen berichte, davor hätte es nur den Sender *France 2* gegeben. In ihrer Vorstellung sei *Al-Jazeera* ein Sender, der ihnen zuhört, der sie versteht und kulturell zu ihnen gehört. Sie denken deshalb, *Al-Jazeera* könne ihre Probleme öffentlich machen. Oft rufen Leute im Büro an. Er nennt das Beispiel einer jungen Französin, die zum Islam konvertiert ist und *Al-Jazeera* angerufen habe, weil sie nun Probleme in ihrem Dorf habe. *Al-Jazeera* hat daraufhin einen Beitrag über die Frau gemacht. Denn wenn es etwas Interessantes ist, dann machen wir das, so Youssef Daccache. Manchmal riefen Leute aber auch wegen Kleinigkeiten an, weil sie Prob-

[129] In dieses Kapitel fließt, wie in allen anderen auch, sowohl Material aus dem Pariser als auch Berliner *Al-Jazeera*-Büro. Zwar ist die Relevanz der Berichterstattung über die arabischsprachige Community jeweils anders gelagert (und für das Pariser Büro weitaus größer), allerdings werden doch ähnliche Erwartungen an den Sender gestellt und tun sich ähnliche Spannungsfelder auf.

[130] Dt.: „Sozialfernsehen".

[131] Offenes, nicht transkribiertes Interview am 05.05.2006. Alle weiteren Gesprächsnotizen mit Youssef Daccache in diesem Kapitel stammen aus diesem Gespräch. (Feldforschungsnotizen vom 05.05.2006)

leme mit ihrem Nachbarn haben und denken, man würde zuhören. Das mache er dann auch, fügt der Produzent auf seine ruhige und besonnene Art an, allerdings nehme er nach einer bestimmten Uhrzeit gar nicht mehr das Telefon ab, weil dann nur solche Anrufe kämen. Auch direkt nach unserem Gespräch klingelt das Telefon. Es sei jemand gewesen, der wissen wollte, wie oft man bete, zwei- oder fünfmal am Tag, erzählt mir Youssef Daccache reichlich amüsiert.

In diesem Gespräch mit dem Pariser Produzenten werden die Erwartungen und Anforderungen seitens der Zuschauer in Frankreich an *Al-Jazeera* deutlich. Es handelt sich hierbei allerdings um eine Beschreibung von innen, aus der Perspektive eines Mitarbeiters des Büros. Gerade deswegen wird aber sichtbar, wie die Journalisten die Erwartungen seitens der arabischsprachigen Community wahrnehmen und die ihnen zugeschriebene Rolle reflektieren. Die Differenzen zwischen der Wahrnehmung von außen („sie denken", „in ihrer Vorstellung") und dem was *Al-Jazeera* wirklich macht, deutet sich hier bereits an. In Youssef Daccaches Beschreibung wird *Al-Jazeera* von vielen Menschen mit arabischem und/oder muslimischem Hintergrund in Frankreich als „ihr" Sender angesehen. Er macht so deutlich, dass der Sender nicht als neutral wahrgenommen wird, sondern in erster Linie als arabisch-islamisch – und eben nicht-französisch – und bestimmte soziale, ethnische und religiöse Problemfelder an ihn herangetragen werden. Einerseits beschreibt er, dass die Erwartungen an die Kompetenz des Senders und seine Deutungshoheit über bestimmte Felder, wie zum Beispiel des religiösen, manchmal groteske Formen annehmen, und macht implizit deutlich, dass Nachbarschaftsstreit oder religiöse Fragen nicht in den Zuständigkeitsbereich des Senders fallen. Andererseits nimmt er für sich persönlich teilweise die Rolle des Zuhörers an und widmet sich bis zu einem gewissen Grad den Sorgen „seiner Zuschauer". Seine Bezeichnung von „Sozialfernsehen" entspricht bis zu einem gewissen Grad dem Ethos *Al-Jazeeras* – in dem Sinne, dass der Sender den Blick auf diskriminierte Minderheiten lenkt und nah „bei den Menschen"[132] und ihren Problemen ist – und verweist auf die übernommene soziale Verantwortung und auf eine Form der erbrachten Hilfeleistung. Hier stellt sich eine klare Verbindung zu Aktham Sulimans Robin-Hood-Metapher her. Die Bezeichnung verdeutlicht zudem, dass in der Wahrnehmung lokaler Gruppen *Al-Jazeera* als „advo-

[132] Vgl. Kapitel 4.2: Al-Shaykh: "[...] be with the human being".

kativer“ Sender wahrgenommen wird und auch die Journalisten dieses Journalismusmodell zumindest implizit mitreflektieren.

In der Interaktion mit Teilen der arabischsprachigen Community wird den Korrespondenten große Anerkennung und gleichzeitig eine hohe Erwartungshaltung entgegengebracht. Ich konnte mehrere Szenen beobachten, in denen die Pariser Korrespondenten bei Veranstaltungen oder auf der Straße angesprochen wurden und entweder ungläubig gefragt wurden, ob sie denn von *Al-Jazeera* seien, oder gleich mit Segens- oder anderen Wünschen bedacht wurden. Zudem wenden sich täglich Einzelpersonen und Organisationen an *Al-Jazeera* Paris in der Hoffnung, sie könnten über bestimmte Themen oder Veranstaltungen berichten – insbesondere politische Veranstaltungen, die Palästina oder den Maghreb betreffen, aber auch zu Immigrantenrechten und Muslimen in Europa. Die Journalisten haben dabei eine öffentlichkeitswirksame Position als Vermittler zwischen lokaler arabischsprachiger Community und überregionaler arabischer Öffentlichkeit inne.[133] Etwas überspitzt kann man sie meinem Eindruck nach als "Community Heroes"[134] beschreiben, denen – wiederum entsprechend Aktham Sulimans Robin-Hood-Metapher – eine besonders „politisch korrekte“ Haltung zugeschrieben wird. Die marginalisierte Position eines arabischen Senders in der europäischen Welt zieht so eine besondere Stellung der Korrespondenten in der arabischsprachigen Community nach sich.

Darüber hinaus führt diese Wahrnehmung der Journalisten von *Al-Jazeera* und die ihnen zugeschriebenen Loyalitäten auch dazu, dass sie in ihrer Arbeitspraxis Zugänge zu bestimmten Milieus und Orten erhalten, die anderen Journalisten verwehrt bleiben – wie zum Beispiel der *H.L.M.*[135] in den Pariser Vorstädten. Als wir (Noureddine Bouziane, der Kameramann Elie Naccache und ich) auf der Rückfahrt vom in 5.2 beschriebenen Dreh am Flughafen an einem *H.L.M.* in der nördlichen Pariser Vorstadt vorbeifahren, erzählen mir beide, dass sie hier schon einmal gedreht haben. Elie Naccache war allerdings mit einem französischen Filmteam unterwegs und hatte beim Drehen Probleme. Noureddine Bouziane meinte daraufhin, da wäre es mit *Al-Jazeera* schon besser: „Wenn die wissen, dass das ein arabischer Sender ist, dann lassen sie

[133] In Deutschland nimmt Aktham Suliman teilweise die Rolle des Repräsentanten der arabischen Community in der lokalen Öffentlichkeit ein (vgl. 2.3).

[134] Mein Ausdruck.

[135] Abkürzung für „Habitation à loyer modeste“, dt.: Sozialer Wohnungsbau.

dich."[136] Dieses Beispiel zeigt, dass die Arbeit für einen arabischen Sender sowie die Herkunft der Journalisten und ihre Sprachkenntnisse als ein Zugangsschlüssel zu bestimmten Milieus fungieren.[137] Der Ausspruch des Journalisten verdeutlicht zudem, dass der Sender in der Wahrnehmung bestimmter Gruppen positiv besetzt ist. Dieses Beispiel steht meines Erachtens exemplarisch für einen „ethischen Zugang". Weil sie Araber sind und für *Al-Jazeera* arbeiten, werden von den Journalisten bestimmte Loyalitäten erwartet, und sie werden als auf der eigenen Seite stehend wahrgenommen. Die Journalisten nehmen den daraus resultierenden erleichterten Zugang zunächst ohne ethische Konflikte wahr.

„Die arabischen Wähler"[138]

Die Schätzungen schwanken zwischen 600.000 und 900.000 in Deutschland lebenden Arabern. Aber das Wahlrecht ist auf diejenigen beschränkt, die die deutsche Staatsbürgerschaft tragen. Einige Schätzungen sprechen von ungefähr 30.000 Wählern mit arabischen Wurzeln. Der Umfang ist nicht groß, aber jede Stimme hat ihre Wichtigkeit vor dem Hintergrund der geringen Unterschiede zwischen den rivalisierenden Parteien bei den Ergebnissen der Meinungsforschung. Die Koalition der regierenden SPD und Grüne verlässt sich sehr auf die Stimmen der Wähler mit ausländischen Wurzeln.[139] (Aktham Suliman)

So beginnt der Nachrichtenbeitrag über die arabischen Wähler, der im Berliner Büro zur Zeit des Bundestagswahlkampfs im Herbst 2005 produziert wird. In diesem Beitrag beschreibt Aktham Suliman die arabische Wählerschaft, ihre Möglichkeiten und Grenzen der politischen Partizipation und mit welchen Problemen sie sich auseinandersetzt. Für den Beitrag wird der unabhängige

[136] Feldforschungsnotizen vom 26.04.2006.

[137] Herkunft kann als (performierte) Ressource aber auch in anderen Kontexten für einen leichteren Zugang sorgen. Ein Beispiel hierfür ist ein Interview mit einem Abgeordneten der Sozialistischen Partei. Dieser wurde nach der Mittagspause vor dem Parteigebäude von Noureddine Bouziane angesprochen. Er erzählte später, dass er zu ihm gesagt hätte, mein Bruder, wir sind aus demselben Land [Algerien], und so hätte er sich dann doch überreden lassen. (Feldforschungsnotizen vom 27.04.2006). Die gemeinsame Herkunft mit dem gewünschten Interviewpartner wird hier als strategische Ressource eingesetzt.

[138] Titel des Nachrichtenbeitrages, gesendet am 16.09.2005 auf *Al-Jazeera*.

[139] Nachrichtenbeitrag vom 16.09.2005. Diese und die folgenden Übersetzungen aus dem Arabischen stammen von mir.

Direktkandidat in Neukölln Aly Abdelwahab, ein Deutscher ägyptischer Herkunft, interviewt. Aly Abdelwahab hat sich selbst bei der *Al-Jazeera*-Zentrale in Katar gemeldet, sie über seine Kandidatur informiert und vorgeschlagen, darüber zu berichten. Dalila Nadi, die Berliner Produzentin *Al-Jazeeras*, erzählt mir, dass sich das Berlin Büro darüber ziemlich amüsiert habe – wäre es doch naheliegender, direkt das Büro in Berlin zu kontaktieren; in Katar sei man über diese Anfrage eher verwirrt gewesen. Dieses Bemühen verdeutlicht exemplarisch die an den Sender gestellte Erwartung, *Al-Jazeera* müsse über Aktivitäten von Arabern auch im Ausland berichten und zeigt, wie wichtig eine solche Berichterstattung für Exilaraber ist. Zwei Interaktionssituationen der Beitragsproduktion sollen nun genauer beleuchtet werden: der Besuch bei Aly Abdelwahab und eine Veranstaltung der arabischen Wähler im Rathaus Schöneberg, in Berlin.[140] Dabei möchte ich untersuchen inwieweit sich das spezifische Ethos *Al-Jazeeras* für die Unterdrückten zu sprechen, in der journalistischen Praxis in meinem Feld wiederfinden lässt: Welche Relevanz hat es und wie gehen die Korrespondenten mit diesem Anspruch um? Werden auf der Ebene des Nachrichtenbeitrags gemäß des Ethos' die Stimme(n) der Marginalisierten repräsentiert und in welchem Sinne von Repräsentation – als Darstellung oder Vertretung?[141]

Zum Interviewtermin mit dem Neuköllner Direktkandidaten begleitete ich an einem Samstag im September 2005 Aktham Suliman und den Kameramann Maher Saeb in das Wahllokal in der Nähe des S-Bahnhofs Neukölln. Die Räumlichkeiten des Wahllokals sehen wir bei unserem Besuch allerdings nicht. Als wir ankommen, kleben gerade einige Männer seine Wahlplakate an die Häuserfront, und ein anderer Teil der Wahlmannschaft steht um den Kandidaten herum auf dem Bürgersteig. Für den Besuch *Al-Jazeeras* wird extra

[140] Die folgenden Beschreibungen zur Beitragsproduktion gründen auf meinen Feldforschungsnotizen vom 09.09.2005.

[141] Stuart Hall arbeitet zwei Dimensionen von 'Repräsentation' heraus: Einmal sei der Begriff im Sinne einer mimetischen Theorie der Repräsentation zu verstehen, also „wie man sich eine Wirklichkeit vorstellt, die ‚außerhalb' der Mittel existiert, durch die die Sachen repräsentiert werden." (Hall 1994: 17). Zum anderen aber spielen die Repräsentationen von „Sachen", so Halls Ansatz, „eine *konstitutive* und keine bloß reflexive, erst nach dem Ereignis auftretende Rolle" (ebd.). Repräsentation verstehe ich im Kontext dieser Arbeit immer auch in dieser konstitutiven Dimension.

Gayatri Chakravorty Spivak (1994) unterscheidet in ihrem Repräsentationskonzept – angelehnt an Marx, der darstellen (ästhetisch) und vertreten (politisch) unterscheidet – zwischen *Darstellung* im Sinne von „Sprechen von" und *Vertretung* im Sinne von „Sprechen für" (vgl. auch Castro Varela/Dhawan 2005: 73). Diese Unterscheidung scheint mir in diesem Zusammenhang sinnvoll, gerade in der Frage nach der Form der Repräsentation der arabischsprachigen Community.

eine Art Wahlkampfszenario inszeniert. Alle treten den Journalisten mit großem Respekt entgegen. Nach Minuten freundlicher Begrüßungen und kurzer Gespräche, interviewt Aktham Suliman den Kandidaten und stellt dabei Fragen zum Wahlkampf und seinen Forderungen. Aktham Suliman äußert mir gegenüber später, dass er den Großteil dessen, was Abdelwahab im Interview gesagt hatte, wenig überzeugend fand, insbesondere seine religiösen Forderungen. Im Anschluss an das Interview werden noch inszenierte Szenen für den Beitrag gefilmt: Aly Abdelwahab läuft mit seiner Wahlmannschaft die Straße hinunter, und der mit Wahlplakaten beklebte Kleinbus fährt in die Straße ein und parkt. Der ganze Besuch dauert ungefähr eine halbe Stunde, und am Ende fragen alle danach, wann der Beitrag denn gesendet werde. Aktham Suliman betont in seiner Antwort, dass wirklich nur ein kurzer Ausschnitt gezeigt werden wird.

Der *Al-Jazeera*-Journalist befindet sich hier in einer ambivalenten Rolle: Als Repräsentant *Al-Jazeeras* wird von ihm Loyalität mit dem arabischen Kandidaten und grundsätzliches Interesse für dessen Aktivitäten vorausgesetzt, und er versucht, diese Erwartungen an den Sender und seine Person zunächst nicht zu enttäuschen. Er steht allerdings dem Kandidaten und seinen Forderungen aus der eigenen politischen Position heraus eher kritisch gegenüber und schätzt die Bemühungen des Kleinstkandidaten als aussichtslos ein. Auf der praktisch-pragmatischen Ebene ist Aly Abdelwahab für den Beitrag aber wichtig, da er eines der wenigen Beispiele für den Versuch politischer Integration von in Deutschland lebenden Arabern und eine im deutschen Diskurs marginalisierte Stimme darstellt. Im Gesamtbeitrag wird daher der Versuch einer politischen Partizipation von in Deutschland lebenden Arabern betont. Aly Abdelwahab wird darin vorgestellt,[142] die Eckpunkte seiner Forderungen werden kurz erwähnt, und er wird mit dem Satz zitiert, dass er nicht nur von Arabern gewählt werde. Das Spezifische an diesem Beispiel ist allerdings nicht die Differenz zwischen persönlicher Meinung und Umsetzung im späteren Beitrag, sondern die ambivalente Rolle des Journalisten im Feld und sein Umgang mit den Erwartungen von außen.

[142] Aktham Suliman beschreibt Aly Abdelwahab im Beitrag vom 16.09.2005 folgendermaßen: „Der Kandidat mit ägyptischen Wurzeln baut seine Wahlkampagne auf der Basis seiner Popularität als ehemaliger Angestellter in der Stadtverwaltung und als Imam in seiner Moschee auf. Die Anerkennung des islamischen Glaubens als offizielle Religion, Bildung und Familienzusammenführung sind die Hauptpunkte in seinem Programm. Er glaubt, dass die Araber und die Anderen entwurzelt seien." In der weiteren Beschreibung des Kandidaten betont Aktham Suliman die Popularität Abdelwahabs.

Auch im weiteren Verlauf der Beitragsproduktion zeigt sich dieses Spannungsfeld: Um die politische Diskussion innerhalb der arabischen Wählerschaft einzufangen, besuchen wir am selben Tag eine Veranstaltung des arabischen Arbeitskreises „Dialog und Zusammenarbeit" zum Thema „Gleiche Rechte und gleiche Pflichten für deutsche Bürger arabischer Abstammung" im Rathaus Schöneberg. Arabische Bürgerinnen und Bürger sollen hier mit Parteienvertretern diskutieren. Bereits am Eingang wird Aktham Suliman von etlichen Leuten aus den unterschiedlichen arabischen Vereinigungen in Berlin wie auch den Organisatoren der Veranstaltung selbst begrüßt, was auf seine Bekanntheit und die Sonderrolle des Korrespondenten von *Al-Jazeera* verweist. Die Veranstaltung selbst beginnt mit den einführenden Worten des Arbeitskreises und den Vorträgen der einzelnen Parteienvertreter. In der darauf folgenden Diskussion dominiert die Außenpolitik, die Probleme in Palästina und im Irak werden lauthals diskutiert. Aktham Suliman kritisiert mir gegenüber später heftig, dass es nur um die außenpolitischen Fragen gegangen sei und dass sich die Araber zu wenig mit den konkreten Problemen vor Ort und nur mit der Situation in ihren arabischen Heimatländern auseinandersetzen würden: „Sie sollten nicht immer nur über Palästina reden, sondern über das was hier passiert!" Schon zwanzig Minuten nach Veranstaltungsbeginn fängt Aktham Suliman an, im hinteren Teil des Saales Leute zu interviewen, worüber sich allerdings niemand beschwert. Im Gegenteil, mehrere Vertreter der anwesenden Organisationen zeigen Interesse interviewt zu werden, ist doch ein Interview auf *Al-Jazeera* für alle äußerst attraktiv, da es eine Möglichkeit bietet, die arabischsprachige Öffentlichkeit zu erreichen, aber auch in ihren Herkunftsgesellschaften gehört und gesehen zu werden. Die Journalisten wirken in meiner Wahrnehmung etwas genervt. Drei Männer werden schließlich interviewt. Kurz darauf verlassen wir die Veranstaltung, das Material scheint zu genügen.

Im Verhalten der Journalisten auf der Veranstaltung drückt sich in meiner unmittelbaren Wahrnehmung zunächst eine gewisse Indifferenz gegenüber der konkreten Situation und den Menschen aus: Die Journalisten führen parallel zur Diskussion Interviews und verlassen die ganze Veranstaltung noch vor ihrem Ende. Aus meiner ethnologischen Vorstellung von teilnehmender Beobachtung, aber auch aus meiner anfänglich naiven Perspektive auf journalistische Arbeitspraxis heraus, empfinde ich die Teilnahme der Journalisten als unzureichend. Dieses Verhalten ist aber aus journalistischer Perspektive betrachtet schlicht professionell-pragmatisch und eine Folge der engen Zeitplanung und des Produktionsdrucks in der Arbeitspraxis. Für das Nachrichtenprodukt ist es nicht nötig, die weitere Diskussion zu verfolgen, von der – aus Aktham Sulimans Perspektive – keine neuen inhaltlichen Aspekte erwartet werden. Zudem werden für einen zweieinhalb-minütigen Beitrag nicht mehr Bildmaterial und Interviews benötigt, als bereits aufgenommen. Die Arbeitspraxis der Journalisten ist in großem Maß durch die Norm der Effizienz und der Produktivität bestimmt. Diese Produktbezogenheit bedingt wie lange sie irgendwo bleiben, zuhören, aufnehmen. Sobald genug Bilder und Interviews „im Kasten" sind, gibt es in dieser Logik keinen Grund mehr, länger vor Ort zu bleiben.

Lässt sich aus dieser nun Situation schließen, dass in der Arbeitspraxis den pragmatischen Normen mehr Gewicht zukommt als dem Anspruch des Senders „nah an den Menschen zu sein" (al-Sheikh)[143] und „alle Probleme der Araber und Muslime"[144] darzulegen? Zunächst zeigt die Situation, dass die Journalisten es weder als ihren Job wahrnehmen, die ganze Diskussion zu verfolgen noch ihren (in meinen Augen) frühen Aufbruch in irgendeiner Weise problematisieren. Darüber hinaus wird deutlich, dass die konkrete Praxis von den formal-zeitlichen Ansprüchen strukturiert wird und diese zu spezifischen Einblicken führen.

Im Nachrichtenbeitrag kommentiert Aktham Suliman die Diskussion im Rathaus Schöneberg dann folgendermaßen:

Die Diskussion stürzt schnell in die Falle der außenpolitischen Angelegenheiten, wie die Situation in Palästina und dem Irak. Immer noch der Dreh- und Angelpunkt des Interesses der ersten Generation arabischer Migranten. Die inneren Angelegenheiten werden nicht behandelt.[145]

Der gesamte Beitrag endet mit dem Statement, dass Palästina und Irak bei den Wahlen keine große Rolle spielen. Die Integration in die deutsche Politik beschreibt der Korrespondent so als einen steinigen Weg, deren Chancen auch durch das Beharren der arabischen Wähler auf bestimmte „außenpolitische" Problemfelder ein Stück weit gemindert würden. Hier wird deutlich, dass seine Loyalität mit der arabischsprachigen Community durchaus gebrochen ist und

[143] Vgl. Kapitel 4.2, S. 54.

[144] Vgl. Kapitel 2.1, S. 18.

[145] Ebenfalls im Beitrag vom 16.09.2005.

er kritische Distanz hält. Darüber hinaus zeigt sich, dass der Korrespondent auch seine eigene Position mit in den Beitrag einfließen lässt. An dieser Stelle ist der Journalist mit seinem persönlichen professionellen Selbstverständnis auch im Nachrichtenprodukt sichtbar. Es handelt sich um einen Spielraum, in dem der Journalist seine praktische Ethik ausagieren kann. Einerseits lässt sich diese Kritik meines Erachtens als eine Kritik von innen beschreiben, denn auch Aktham Suliman ist ein wahlberechtigter deutscher Staatsbürger mit arabischem Migrationshintergrund und so Teil der von ihm beschriebenen arabischen Wählerschaft. Andererseits positioniert sich der Korrespondent in seinem Beitrag als ein außenstehender Beobachter und bemüht sich um professionelle Distanz, die als elementarer Bestandteil zum journalistischen Ethos gehört.

Aktham Suliman: Subjektivität professionell austragen

Im Gespräch über Objektivität im Journalismus definierte Aktham Suliman mir gegenüber sein persönliches Verständnis folgendermaßen: „Objektivität im Journalismus ist für mich Subjektivität professionell auszutragen."[146] Sein Verständnis von Objektivität entspricht hier in gewisser Weise dem Ansatz der „kontextuellen Objektivität" (vgl. El-Nawawy/Iskandar 2002b)[147], und basiert auf der Reflexion seiner eigenen Position und Perspektive.

Schon bei der Themenwahl, ist man nicht objektiv, sondern schon beeinflusst durch seinen kulturellen, politischen, wirtschaftlichen und sonstigen Rahmen. Wie blickt man auf die Sachen und was sieht man da drin, wenn man reinblickt? Was bleibt, das ist alles sehr bedingt durch diese ganzen Geschichten.[148]

Für Aktham Suliman heißt „Subjektivität professionell auszutragen" also nicht den subjektiven Blick zu leugnen, sondern mit diesem bewusst umzugehen. So formulierte er als leitendes Prinzip in seiner Arbeit: „In meinem Beitrag darf man nicht spüren, welche Haltung ich dazu habe." Das bedeutet also, dass

[146] Interview vom 3.07.2006.

[147] S. dazu Fußnote 100. In Aktham Sulimans Fall würde ich von reflexiver kontextueller Objektivität sprechen, die aus einem reflexiven Umgang mit den „Dilemmata" in der eigenen Praxis entspringt.

[148] Interview vom 3.07.2006.

Objektivität in der Haltung beziehungsweise „Nicht-Haltung" im Produkt gemessen wird. Die eigene Haltung (hier im Sinne von politischer, persönlicher Haltung und Wertung) darf dementsprechend nicht als „konkrete Wertung, in Form von wertenden Adjektiven und Einseitigkeit" formuliert werden, so Aktham Suliman weiter. Im Beitrag zum arabischen Wähler, in dem er eine kritische Einstellung zur Diskussion innerhalb der arabischen Wählerschaft und den Forderungen des Kandidaten zum Ausdruck bringt, versucht er diese subjektive Haltung professionell auszutragen, was nicht bedeutet, keine Kritik formulieren zu dürfen, sondern diese in einer bestimmten objektivierten Form einzubringen.[149]

Nachrichtenwert vs. Sozialfernsehen

Als ich Aktham Suliman im Interview nach der Relevanz der arabischsprachigen Community in Deutschland in seiner Arbeit frage, antwortet er: „In Deutschland sind das 90.000, eine Million mit den Eingebürgerten. Aber auf diese Migrantengeschichten achtet man nicht so."[150] Die arabischen Zuschauer in Deutschland beschreibt er im weiteren Interview lediglich als Kontrollinstanz der eigenen Berichterstattung, die zwar den Wahrheitsgehalt bestimmter Informationen beurteilen könne, aber die arabischsprachige Community selbst weise keinen hohen Nachrichtenwert auf. Aus dieser professionellen Perspektive ist die Berichterstattung über die arabischsprachige Community also nur bedingt relevant. Auch als ich dem Journalisten an anderer Stelle erzählte, dass ich den Beitrag „Die arabischen Wähler" analysiere, fragte er verwundert, warum gerade den und nicht die Berichterstattung über die Wahlen selbst.[151] Dies verdeutlicht, dass er *Al-Jazeera* eben keinesfalls als einen Sender der Migrantencommunity versteht, sondern als Nachrichtensender. Die Berichterstattung über die arabischsprachige Community ist für ihn nur ein Thema unter vielen. Die arabische Agenda *Al-Jazeeras* hebt deren geringe politische Relevanz und deren schwache Nachrichtenwert also nicht auf. Aktham Sulimans professionelle Praxis und sein Selbstverständnis werden dementspre-

149 In seiner Beschreibung der Diskussion auf der oben beschriebenen Veranstaltung lässt sich seine eigene Haltung allerdings herauslesen, auch wenn sie sprachlich objektiviert und ohne explizite Markierung der eigenen Position vorgetragen ist. So heißt es im Beitrag: „Die Diskussion stürzt schnell in die *Falle* der außenpolitischen Angelegenheiten [...], die *immer noch* Dreh- und Angelpunkt des Interesses der ersten Generation arabischer Migranten sind."

150 Interview am 03.07.2006.

151 In einem informellen Gespräch im März 2005.

chend über die den News inhärenten Maßstäbe strukturiert. Die vom Pariser Korrespondenten angesprochene Rolle als „Sozialfernsehen" weicht eindeutig von dieser Position Aktham Sulimans ab, der aus dem von ihm beschriebenen „Gefühl *Al-Jazeera*" keinesfalls eine bestimmte Positionierung im Sinne der Marginalisierten oder soziale Rolle des Berliner Büros ableitet. Dies hängt zum Teil auch mit der unterschiedlichen Rolle der arabischsprachigen Communities in Deutschland und Frankreich zusammen.

Ambivalente Loyalitäten

Zunächst lässt sich aus dem vorgestellten Material schlussfolgern, dass im Produktionsprozess die „offenen Türen" und Zugänge zur arabischsprachigen Community durchaus wahrgenommen werden. Die Erwartungen seitens der arabischen Community an den Sender werden von den Korrespondenten im Produktionsprozess partiell und pragmatisch erfüllt. Innerhalb der Logik der Arbeitspraxis hat aber das Produkt Priorität und die Journalisten profitieren ganz pragmatisch von Zugangsmöglichkeiten zu Bildern und Interviewpartnern der arabischsprachigen Community.[152] Als leitende Prinzipien in der Arbeitspraxis lassen sich die zeitlich-formalen Ansprüche wie Schnelligkeit, Produktivität und Effizienz identifizieren. Die Praxis wird vorrangig durch die Anforderungen der Senderzentrale – also die geforderte Pensum der Beitragsproduktion – und das Format des Produkts (die besagten zweieinhalb Minuten) strukturiert. Diese Ansprüche zu erfüllen, gehört zur Professionalität des Journalisten.

Im Beitrag „Die arabischen Wähler" selbst macht Aktham Suliman dann gemäß der pro-arabischen Agenda des Senders auf die Stimme(n) der arabischen Wähler und die Möglichkeiten der Partizipation von in Deutschland lebenden Menschen mit arabischem Hintergrund aufmerksam. *Al-Jazeera* ist der einzige Sender, der über sie berichtet. Es wird beschrieben, wie sie partizipieren (am Beispiel Abdelwahabs) und diskutieren (Veranstaltung in Schöneberg); dabei nimmt der Korrespondent im Beitrag eine teilweise durchaus kritische Position zur Diskussion in diesem Teil der arabischsprachigen Community ein. Einerseits werden also bestimmte Belange der sozialen Minderheit

[152] Der pragmatische Umgang mit den Erwartungen seitens der lokalen Zuschauer deutet sich auch in der Beschreibung Youssef Daccache an. Der Ausspruch „Wenn es etwas interessantes ist, dann berichten wir drüber" zeigt, dass die Sorgen der Anruferinnen und Anrufer auch als Inspiration für neue Beitragsthemen genommen werden.

im Beitrag aufgenommen, andererseits werden deren Belange aber auch wieder kritisiert.

Hinsichtlich der Repräsentationsfrage lässt sich argumentieren, dass die arabischsprachige Community im Beitrag in einem spezifischen Sinne repräsentiert wird: Es wird über sie gesprochen im Sinne von Darstellung (und sie präsentiert sich in Interviews), aber es wird nicht für sie gesprochen, im Sinne von Vertretung. Die von *Al-Jazeera* angestrebte Repräsentation subalterner Diskurse wird dementsprechend nur partiell erfüllt. Die Journalisten *Al-Jazeeras* sind zwar „thematisch loyal", indem sie über die Belange der arabischen Community berichten. Die von ihnen erwarteten Loyalitäten müssen sich allerdings nicht auf der Inhaltsebene im Beitrag widerspiegeln. Diese Form der Berichterstattung ist je nach zugrunde liegendem Journalismuskonzept unterschiedlich zu bewerten. Während aus der Perspektive des advokativen Journalismus' eine eindeutigere Positionierung und „Fürsprache" zu erwarten wäre, entspricht dieser Modus der Berichterstattung dem Modell des Informationsjournalismus durchaus.

Al-Jazeeras Praxis der Berichterstattung weist so eindeutig Spannungen und Widersprüche zum idealisiert vorgetragenen „Gefühl *Al-Jazeera*" auf und auch die im Ethos des Senders enthaltenen Selbstansprüche werden nicht kontinuierlich aufrechterhalten. Zwar wird auf der Ebene der Themenauswahl beziehungsweise des Agendasettings[153] das Ethos der Institution zunächst praktiziert. Wie anhand des Materials deutlich wurde, steht die Praxis Berichterstattung aber in den konkreten Interaktionssituationen sowie dem Framing im Beitrag, in einem spannungsreichen Verhältnis zum Ethos der Institution *Al-Jazeera*.

5.4 Selbstverortungen: Professionelle Ethik im Kontext

Youssef Daraji: Wir sind Journalisten wie alle anderen

Nach der Beschreibung der Besonderheiten *Al-Jazeeras* im lokalen Kontext und der Wahrnehmung von *Al-Jazeera* als „Sozialfernsehen" (S. 72ff), betont Youssef Daccache, dass *Al-Jazeera* nicht auf einer ethnischen oder religiösen

[153] Mit dem Agendasetting-Ansatz wird der Prozess der Themenauswahl in Bezug auf gesellschaftliche Thematisierungsprozesse hin untersucht (s. hierzu Rössler in Weischenberg 2005: 11-13).

Basis agiere und sagt: „Wir sind Journalisten wie alle anderen!“ Nach allen Beispielen, die die spezifische kulturelle (und somit auch ethnisch und religiöse) Wahrnehmung des Senders belegen, bringt Youssef Daccache die Gleichsetzung „wir sind wie alle anderen“ – das heißt auch: Wir entsprechen den professionellen Standards im Journalismus. Diese Differenz in der Selbstrepräsentation verweist auf das Lavieren zwischen den verschiedenen Ansprüchen, die an die Journalisten von *Al-Jazeera* gestellt werden. Einerseits fühlen sie sich internationalen journalistischen Ethikstandards verpflichtet, die einen unabhängigen Journalismus proklamieren, der eben nicht auf einer ethnischen, ideologischen oder religiösen Basis arbeitet. Andererseits werden sie aber vor Ort als Repräsentanten und Ansprechpartner für ganz bestimmte Gruppierungen wahrgenommen und versuchen, diese bis zu einem gewissen Grad zu erfüllen. Indem der Journalist betont, dass *Al-Jazeera* die journalistischen Standards erfülle, weist er den unausgesprochenen Vorwurf von sich, einen rein Community-basierten Blick zu haben. Die Unabhängigkeit als journalistischer Wert und journalistische Norm wird trotz und auch gerade wegen der spezifischen Position des Senders und der ihm zugeschriebenen Loyalitäten besonders herausgestellt, so meine These. Ähnliche Argumentationsmuster sind mir während meiner Forschung immer wieder begegnet. Es zeigt sich beispielsweise im – der Einleitung vorangestellten – Zitat von Aktham Suliman, in dem er die besondere Rolle des Senders beschreibt und im nächsten Satz betont, dass die Professionalität dadurch nicht beeinträchtigt werde. Das eben genannte Zitat Youssef Daccaches ließe sich so auch in dem Sinne lesen, dass hier die Rhetorik der professionellen Ethik als Strategie verwendet wird, um die eigene Professionalität zu verteidigen und die eigene Praxis zu legitimieren. Da *Al-Jazeera* immer wieder wegen vermeintlich parteiischer Berichterstattung kritisiert wird, müssen die professionellen Standards besonders betont werden. Auch in den Gesprächen und Interviews mit den weiteren Korrespondenten in Paris ist auffallend, wie auf Fragen nach den spezifischen Zugängen immer wieder diese professionelle Rhetorik folgt. Doch ist dieses Argumentationsmuster mit dem Legitimationsdruck der eigenen Praxis nicht ausreichend zu erklären, sondern auch mit dem professionellen Ethos des einzelnen Korrespondenten in Beziehung zu setzten. Ich möchte deswegen im Folgenden auf verschiedene Positionen und professionelle Selbstverortungen der Pariser Korrespondenten[154] eingehen, in denen sie ihre Position gegenüber

[154] Im französischen Kontext ist die Berichterstattung über die arabischsprachige Community relevanter als im

der arabischsprachigen Community beschreiben. Die Frage nach ihrem professionellen Verhältnis zur arabischsprachigen Community wurde von mir an das Feld herangetragen.[155] Die Pariser *Al-Jazeera* Journalisten sprachen mit Ausnahme von Youssef Daccaches kaum von der spezifisch sozialen Rolle des Senders gegenüber der arabischsprachigen Community.[156] Das verweist darauf, dass sie *Al-Jazeera* eben nicht als „Sozialfernsehen" verstehen, auch wenn die Berichterstattung über die arabischsprachige Community ein wichtiger Bestandteil in ihrer Arbeit ist.

Ayache Daraji: Die erfolgreichen Migranten zeigen!

Ayache Daraji ist der Ansicht, dass er die Probleme arabischer Migranten besser verstehen würde, da er auch Familie in Frankreich habe. Wobei er selbstkritisch anfügt, dass er zumindest vorgeben würde, die Probleme zu kennen.[157] Er betont, dass seine Berichte keine Ähnlichkeiten zu denen französischer Sender aufweisen würden. Als ich ihn auf die Berichterstattung des Büros über die Unruhen in den Banlieues anspreche, antwortet er gleich, dass auch er den Ausdruck Nicolas Sarkozys[158] „racaille" (dt. Gesindel) benutze und man diese Realität anerkennen müsse. Er sei aber gegen Verallgemeinerungen und auch darüber verbittert, dass Araber und Schwarze mit solchen negativen

deutschen, und das ethische Spannungsfeld zeigt sich besonders gut.

155 So fragte ich die Pariser Korrespondenten im Interview: „Sind Sie näher dran an den Problemen, der Situation arabischer Migranten und inwieweit unterscheidet sich ihr Blick von der Perspektive französischer Sender?" Als Antworten auf diese Frage entstanden die folgenden Ausführungen der Korrespondenten. Meiner Einschätzung nach unterscheidet sich die Berichterstattung *Al-Jazeeras* über Themen der Immigration und Migranten von denen lokaler Sender, allein aufgrund der strukturellen Unterschiede. Bei *Al-Jazeera* wird ein ganz anderes Publikum angesprochen, das über die Details der lokalen Gegebenheiten meist nicht informiert ist (mit Ausnahme natürlich der in Frankreich lebenden Zuschauer). Deswegen werden auch andere Themen abgedeckt beziehungsweise mit einer anderen Perspektive darüber berichtet. Inwiefern die Problematik für die heterogene arabischsprachige Zuschauerschaft *Al-Jazeeras* von Interesse ist, ist dabei vorrangig. Darüber hinaus hat *Al-Jazeera* vor Ort andere Zugänge als französische Sender (vgl. 5.3). Inwieweit die Korrespondenten *Al-Jazeeras* nun konkret an bestimmten Migrantencommunities „näher dran" sind oder nicht, hängt neben den strukturellen Faktoren auch stark von den einzelnen Korrespondenten und ihrer sozialen Verortung ab. Besonders im Pariser Büro sind diese internen Differenzen spürbar.

156 Zwar stellt Michel al-Kik die Berichterstattung über die „Community" als elementaren Bestandteil seiner Arbeit dar (vgl. Kapitel 2.2), doch die Rolle des Ansprechpartners von *Al-Jazeeras* oder dessen Verantwortlichkeit thematisiert er nicht.

157 Das Interview mit Ayache Daraji konnte ich nicht aufnehmen (s. Exkurs). Die folgende Zusammenfassung baut auf meinen Mitschriften auf (Feldforschungsnotizen vom 04.05.2006). Daher sind nur wenige Aussprüche als direkte Zitate markiert.

158 Sarkozy war zu diesem Zeitpunkt, sowie zur Zeit meiner Forschung, französischer Innenminister und Präsidentschaftskandidat der konservativen gaullistischen *UMP* (*Union pour un mouvement populaire*). Während der Unruhen in den Banlieues (2005) bezeichnete er randalierende Jugendliche als „Gesindel/Abschaum".

Zuschreibungen verbunden sind. Sie sind ein Produkt der Gesellschaft und Schuld seien nicht sie oder ihre Eltern, sondern die politisch Verantwortlichen, so Ayache Daraji. Als das Ideal in der Berichterstattung über arabische Migranten formuliert er: „Wir versuchen zu zeigen, dass es nicht nur Extremisten gibt, sondern auch diejenigen, die es geschafft haben. Die muss man hier zeigen!" Und daran anschließend erklärt er in welcher Form: Man müsse ausgeglichene Reportagen machen – Meinung und Gegenmeinung aufzeigen – um die Komplexität eines Themas zu zeigen. Die professionelle Ethik beziehungsweise die Norm in der Berichterstattung bei *Al-Jazeera* fungiert seiner Auffassung nach also als Strategie der Aufklärung.

Das von Ayache Daraji formulierte Ideal weist Züge eines advokativen Journalismusmodells auf, das die Platzierung von Minderheitenthemen auf der öffentlichen Agenda fordert. Gleichzeitig lese ich es aber auch als Statement, dass *Al-Jazeera* nicht unbedingt für die problematischen Migranten spricht, nicht für die „Verlierer", sondern versuchen solle die Aufmerksamkeit auf die „Gewinner" der Migration zu lenken. Ayache Daraji versteht sich dementsprechend nicht als Repräsentant der arabischen Migranten (oder Unterdrückten allgemein), sondern eher einer bestimmten Gruppe (zu der er in gewissem Sinne auch gehört): den erfolgreichen Migranten. Darüber hinaus deutet sich an, dass die Position des *Al-Jazeera*-Korrespondenten durch Brüchigkeit gekennzeichnet ist: einerseits die Identifikation mit Arabern (seine Bitterkeit, wenn diese mit Negativem verbunden werden und er diese Repräsentation beeinflussen will); andererseits benutzt er selbst die Repräsentationsattribute der französischen Rechten. Er stellt heraus, dass er ganz anders berichte als französische Sender und benutzt gleichzeitig den Ausdruck Sarkozys, was zeigt, dass er durchaus im französischen Diskurs verankert ist.

Solche politischen Positionen von Journalisten *Al-Jazeeras* zu hören, überrascht mich zunächst, schätzte ich die Journalisten doch als kritisch gegenüber den Diskussionen über Immigration in Frankreich ein und erwartete, dass sie sich eher auf der Seite der arabischen Migranten positionieren, also loyal zur arabischsprachigen Community, insbesondere den durch vielfältige Ausgrenzung diskriminierten Migranten. Allerdings zeigt sich mir während meiner Forschung mehrere Male, dass dies eine durchaus naive Vorannahme ist.[159] Auch Michel al-Kik verteidigt in einer Diskussion mit mir und einem der

[159] Sie verdeutlicht aber einmal mehr die Vorstellung, dass *Al-Jazeera* bei solchen Themenfeldern eindeutig die Position der Marginalisierten vertreten würde.

Kameramänner Jean-Marie Le Pen[160] und betont – aus meiner Perspektive einseitig – die Pflichten der Immigranten.[161] In einem Gespräch mit einem libanesischen Dokumentarfilmer, der die Berichterstattung über die arabische Welt und Europa verfolgt,[162] kritisiert dieser, dass sich diese politische Haltung in den Beiträgen ablesen lasse. Insbesondere die Berichterstattung über die Unruhen in den Banlieues ist seiner Einschätzung nach nicht weit weg entfernt vom Diskurs Sarkozys.[163] Dieser Zusammenhang verweist zum einen darauf, dass an die Korrespondenten hohe Erwartungshaltungen an politische Integrität (im Sinne eines Eintretens für die Marginalisierten) gestellt werden und dass zum anderen die politischen Ansichten der Korrespondenten in einem durchaus konflikthaften Verhältnis zum Ethos des Senders stehen können.

Michel al-Kik: Objektiv vor Ort

Jeder hat seine eigenen Charakteristika, die Franzosen betrachten dies eher aus einer sehr französischen Perspektive, wir aus der internationalen Szene eher aus der internationalen Perspektive. Vielleicht sagen die Franzosen zum Thema der Immigration, dass Frankreich unter den Migranten leide und dass es finanziell viel koste. Wir können diese Position bringen und auch die der Migranten, wie zum Beispiel, dass das eine neue Form der Kolonisation ist und sie auch Franzosen sind. Wir

[160] Jean-Marie Le Pen (1928) ist der Gründer der rechten Front National, kandidierte 2002 als Präsident und ist während meiner Forschungszeit im Wahlkampf für die Präsidentschaftswahlen 2007 aktiv.

[161] Michel al-Kiks Position in diesem Gespräch ist zusammengefasst, dass Integration eine persönliche Anstrengung sei – eine Anstrengung die er habe leisten müssen. Während der Kameramann und ich eher soziale Erklärungen für die Unruhen in den Banlieues hervorbringen, betont Michel al-Kik ausschließlich die fehlende persönliche Anstrengung der Familie und des Umfelds. Zu Forderungen Le Pens, wie „Aimez la France ou quittez-là“ (dt.: „Liebt Frankreich oder verlasst das Land“) bekundet er Sympathie, wenn er auch betont, dass er nicht völlig mit ihm übereinstimme. Seine Position verstehe ich zunächst als einen übersteigerten Beweis an Loyalität eines Migranten, in dem sich Anpassung und Verinnerlichung der Normen der Mehrheitsgesellschaft zeigen. Es verweist aber auch auf seine privilegierte soziale Position, aus der heraus er sich insbesondere von anderen Migranten abzugrenzen sucht. Dieses Beispiel deutet so auf den Zusammenhang zwischen Herkunft und politischer Position im lokalen Kontext hin.

[162] Insbesondere da er beruflich zwischen Beirut und Paris pendelt.

[163] Er steht den Korrespondenten äußerst kritisch gegenüber. Seiner Ansicht nach, stehen die Korrespondenten außerhalb der französischen Gesellschaft, sie haben keine Ahnung, was sich innerhalb der Gesellschaft, insbesondere aber innerhalb der Immigranten-Communities, abspiele. Im Gegensatz zu den *Al-Jazeera*-Korrespondenten in den arabischen Ländern, hätten die französischen keine Kontakte, keinen kritischen Zugang, und stünden was das Niveau angeht weit unter der französischen Presse. (Feldforschungstagebuch vom 29.04 und 04.05.2006). Diese Außenperspektive zeigt, dass *Al-Jazeera* durchaus nicht unangefochten innerhalb der arabischsprachigen Community ist.

versuchen immer alle Meinungen reinzubringen, fern von allem politischen Druck. [...] Der Sender überlässt dem Journalisten die Freiheit, sich vor Ort zu verhalten, die Situation zu beobachten und sie zu kommentieren, so wie sie sind. [...] Das Logo des Senders, „Die eine Meinung und die andere Meinung", das ist die Glaubwürdigkeit in den Beiträgen. Das machen wir vor Ort.[164]

Michel al-Kik beschreibt die angestrebte Form der Berichterstattung über Immigrationsthemen als ausgeglichen und formuliert ähnlich wie Ayache Daraji den Anspruch, die Komplexität der Situation und die unterschiedlichsten Positionen darzustellen,. Damit werde Glaubwürdigkeit geschaffen.[165] Diesen Anspruch löst er in der Praxis ein, beispielsweise bei seinem Beitrag über die Demonstration der Front National am 1. Mai 2006: Er bringt sowohl das Statement eines Sympathisanten von Jean-Marie Le Pen ein, der die hohen Kosten der Immigration betont, als auch das eines jungen Immigranten, der sich gegen die neuen verschärften Immigrationsgesetzte in Frankreich ausspricht. Die „Freiheit" des einzelnen Journalisten „vor Ort" sieht er darin, die Ereignisse so zu kommentieren, wie sie sich ihm darstellen. Auf die Nachfrage, ob sie einen Innen- oder Außenblick auf die Probleme von Migranten einnehmen, antwortet Michel al-Kik dann:

Wir behandeln die Informationen in erster Linie objektiv, denn unsere Arbeit ist im Grunde vor Ort. Wir begeben uns vor Ort. Wir zeigen die News wie alle anderen französischen Sender auch, das heißt, die Innensicht ist sehr wichtig, wie die Immigranten, die Muslime hier leben.

Das „Vor-Ort-Sein" beweist in der Argumentation Michel al-Kiks also in gewisser Weise die Objektivität der Berichterstattung. Die Einschätzungen der Korrespondenten, inwieweit sie sich von französischen Sendern unterscheiden, differieren voneinander. Weniger vehement als Ayache Daraji verweist Michel al-Kik zwar auf die unterschiedliche Perspektive in der Berichterstattung und darauf dass *Al-Jazeera* auch die Migranten sprechen lasse, allerdings betont er hier ebenso, dass *Al-Jazeera* die News genauso wie die französischen

164 Interview mit Michel al-Kik am 06.05.2006. Auch die weiteren Interviewausschnitte von Michel al-Kik stammen aus diesem Interview.

165 Im gleichen Interview formulierte auch die Einschätzung, dass jeder Journalist seine persönliche Art habe, Glaubwürdigkeit herzustellen und dies insbesondere mit Talent und Charisma in Zusammenhang stehe.

Sender zeige. Michel al-Kik interpretiert damit die Nicht-Differenz als Zeichen der Objektivität der eigenen Berichterstattung und bettet die Berichterstattung über Migranten in die allgemeine Maxime des "get both side of the story" ein. Dabei verneint er gleichzeitig eine spezifisch arabische Agenda, was allerdings in Anbetracht des Agendasettings *Al-Jazeeras* kaum haltbar ist und auch seine Kollegen in Paris teilweise anders beurteilen. Meines Erachtens ist jedoch auch dies in Zusammenhang mit dem Legitimationsdruck im französischen Kontext in Verbindung zu setzten. Ayache Daraji stellt die Differenz zu der Berichterstattung französischer Sender dagegen in den Zusammenhang seines vermeintlichen Besser-Verstehens. Hier zeigen sich unterschiedliche professionelle Stile und Ethiken der Journalisten. Ayache Daraji positioniert sich in seinen Antworten deutlich. Michel al-Kiks Antworten sind an diesem Punkt dagegen durchaus vorsichtiger, er spricht nicht von einer spezifischen Nähe *Al-Jazeeras* zu bestimmten Themen und beschreibt die Perspektive mit „international", aber nicht mit arabisch oder spezifisch regional. Seine Selbstverortung scheint weniger durch Identifikation mit „Arabern" gekennzeichnet zu sein. Anders als Ayache Daraji nimmt Michel al-Kik im Interview auch nicht persönlich zu Themen der Integration Stellung.

Die Bemühungen um die Ausgeglichenheit der Beiträge sind nicht bloß als reine Phrasen zu verstehen, mit Rabinow also nicht nur die Differenzen zwischen Normen und der praktischen Umsetzung hervorzuheben. Meines Erachtens zeigen sich darin (bis zu einem gewissen Grad) handlungsleitende Ideale. „Die eine Meinung und die andere Meinung" zu präsentieren, stellt einen wichtigen Aspekt der praktischen Ethikkonzepte der Journalisten von *Al-Jazeera* dar und verdeutlicht, dass die Journalisten bestimmte Werte des Senders als bindend empfinden. Wobei dieses Konzept, wie bereits oben bemerkt, nicht wirklich spezifisch für *Al-Jazeera* ist, sondern ein Kernelement in der professionellen Ethik des Journalismus' allgemein, insbesondere des Informationsjournalismus, darstellt.[166]

[166] Darüber hinaus wäre kritisch zu hinterfragen, inwieweit beide Ansichten in einen Beitrag zu bringen nicht eher eine formale Ausgewogenheit entlang gängiger Frames darstellt, als wirklich kritisches Potential zu eröffnen und Widersprüche sichtbar zu machen, wie es entsprechend des advokativen Journalismus' anzustreben wäre. In diesem Sinne nehmen die Korrespondenten selbst keine wirkliche „Gegenposition" im lokalen Kontext ein, auch wenn ihnen diese immer zugeschrieben wird. Vielmehr verorten sie sich selbst als professionelle Journalisten vor Ort, die zwar einen spezifischen Blick haben, aber doch durch das Verfolgen professioneller ethischer Prinzipien (hier der Ausgewogenheit) „Journalisten wie alle anderen" sind.

5.5 Zusammenfassung: Arbeitspraxis und Repräsentationsdynamik

In der Arbeitspraxis der Korrespondenten werden unterschiedliche teilweise konkurrierende normative Maßstäbe sichtbar: zum einen die Kernelemente der journalistischen Ethik, wie ausgewogene Berichterstattung; zum anderen das Ethos *Al-Jazeeras*, das eng mit der pro-arabischen Agenda des Senders verbunden ist, aus denen eine spezifische Parteilichkeit und Fürsprecherfunktion *Al-Jazeeras* abgeleitet wird; und darüber hinaus die Professionalitätsansprüche durch die formal-zeitlichen Anforderungen des Nachrichtenbusiness. Dabei stellen auch die Vorstellungen von professioneller Ethik der einzelnen Korrespondenten weitere normative Maßstäbe dar, die handlungsleitend sind.

Die Repräsentationsansprüche werden, wie ich gezeigt habe, in der Praxis mit anderen Maßstäben ausgehandelt und nur partiell erfüllt. Das Verhältnis zur lokalen arabischsprachigen Community ist durch ambivalente Loyalitäten geprägt. Trotz aller Widersprüche und Brüche in der Repräsentation der lokalen arabischsprachigen Community werden kritische Stimmen in der Repräsentationsdynamik des Senders wieder eingeebnet. Die „Repräsentationsdynamik der Alterität" des Senders ist so „politisch korrekt" aufgeladen, dass sie die Kritikpunkte wieder aufwiegt beziehungsweise die Verteidigung des Senders (für Exilarabern) geradezu zu einer Verpflichtung macht, so die Argumentation Iskandars:

> *Diasporic Arabs in the West who may disagree with some of the station's programming are reluctant to voice this criticism in their respective countries because they are aware of the representational dynamics of alterity, they prefer to acknowledge the benefits, broad statements: "Al-Jazeera reflects our values and view of events and the world" tend to outweigh accusations against the station. Fear of further misrepresenting in the Western press and an underlying desire to substantiate a positive image in the West contribute to this stance among Arab migrants. (Iskandar 2006)*

Die Korrespondenten sind Teil dieser Repräsentationsdynamik. Ihre Arbeit ist in das Ethos des Senders eingebettet, und sie haben aufgrund dessen einen „moralischen Vorschuss" in der Interaktion mit der arabischsprachigen Com-

munity in ihrer Arbeit vor Ort. Das ermöglicht ihnen im lokalen arabischsprachigen Kontext eine einflussreiche Position einzunehmen – da sie Repräsentationen schaffen können. Gleichzeitig werden aber hohe Anforderungen an sie gestellt dieser Repräsentationsaufgabe nachzukommen, und sie werden am Ethos *Al-Jazeeras* gemessen.
Das Ethos der Institution *Al-Jazeera* (4.2), wie das von Aktham Suliman formulierte „Gefühl *Al-Jazeera*“ (5.1), strukturieren die Praxis der Korrespondenten bedingt. Die damit verbundenen Zuschreibungen von außen beeinflussen zwar die Arbeitspraxis indem sie bestimmte Türen öffnen und andere verschließen (vgl. 5.2 und 5.3). Die professionelle Praxis sowie die professionellen Haltungen der Journalisten als auch ihre eigenen politischen Positionen stehen jedoch in einem durchaus nicht widerspruchslosen Verhältnis zu dem Ethos des Senders (wie in 5.3 und 5.4 gezeigt wurde). Allerdings formulieren oder reflektieren die Korrespondenten selber diese Widersprüchlichkeiten nicht. Sie heben die soziale Verantwortlichkeit gegenüber ihren lokalen Zuschauern nur partiell hervor, wie Youssef Daccache mit seinem Topos vom „Sozialfernsehen“. Oder sie deuten die Verantwortlichkeit spezifisch, wie Ayache Daraji, der die erfolgreichen Migranten in den Blick rücken möchte. Die Korrespondenten formulieren in den Gesprächen ein professionelles Ethos, das Ausgeglichenheit und Unabhängigkeit betont. Die Maßstäbe und die Richtlinien durch die sie ihre Praxis geleitet sehen, sind vorrangig die professionelle Ethik im Journalismus und der normative Ansprüche der Institution, ausgeglichen Bericht zu erstatten, wie im Ethikkodizes und im „expliziten“ Ethos („Die eine Meinung und die andere Meinung“) verankert. Von allen Journalisten wird dieses als eine Form der praktischen Ethik und als ein handlungsleitendes Prinzip präsentiert. Objektivität wird von den Korrespondenten dagegen verschieden begründet: die eigene Position mit reflektierend als „professionell ausgetragene Subjektivität“, nach Aktham Suliman, oder auch durch das „Vor-Ort-Sein“ an sich, wie es Michel al-Kik hervorhebt.

Bevor die Journalisten als Übersetzer zwischen arabischer Welt und Europa in den Blickpunkt rücken, werde ich in einem Exkurs die Schwierigkeiten des Interviews mit professionellen Interviewführern – und meine daraus entspringenden Reflexionen über die unterschiedlichen Wissensmodi in Journalismus und Ethnologie – darstellen.

munity in ihrer Arbeit vor Ort. Das ermöglicht ihnen im lokalen arabischsprachigen Kontext eine einflussreiche Position einzunehmen – da sie Repräsentationen schaffen können. Gleichzeitig werden aber hohe Anforderungen an die gestellt dieser Repräsentationsaufgabe nachzukommen, und sie werden am Ethos [illegible] gemessen.

[illegible]

6 Exkurs: Interviews mit Journalisten

[...] expert anthropological engagement with other modes and cultures of expertise creates opportunities for an improved reflexive awareness of the social character of knowledge practices that are neither "ours" nor "theirs". (Boyer 2005: 243)

Nach mehrmaligen Terminverschiebungen treffe ich an meinem letzten Praktikumstag Michel al-Kik in seinem Büro, um ihn endlich zu interviewen: Michel al-Kik sitzt auf einem großen Ledersessel vor dem Fenster, den Eiffelturm im Rücken, zwischen uns sein großer Schreibtisch, auf dem mein Aufnahmegerät steht.[167] Es ist Samstag. Außer Ayache Daraji und einem der Kameramänner, die sich auf den Besuch einer Veranstaltung vorbereiten, sind keine anderen Mitarbeiterinnen oder Mitarbeiter im Büro. Es herrscht eine ruhige Atmosphäre. Da Michel al-Kik sich zu unserem Interviewtermin etwas verspätet und es eigentlich geplant ist, dass ich Ayache Daraji heute begleite, befürchte ich dennoch, dass die Zeit eng wird und mir ist nicht ganz klar, wie ich unter diesem Zeitdruck das Interview produktiv gestalten soll. Wie viel Zeit ich denn benötige und ob eine Viertelstunde reichte, wollte Michel al-Kik als Erstes wissen, bevor wir überhaupt nach mehrmaligen Nachfragen meinerseits den Termin vereinbarten. Eine halbe Stunde wäre schon gut, entgegnete ich – und die ich hoffe nun zu bekommen, selbst wenn der Journalist an diesem Morgen noch andere Sachen zu erledigen hat. Nachdem ich Michel al-Kik kurz das Thema des Interviews erläutere, entgegnet er, dass er antworten werde, was er kann und weiß.

Schon nach etwa zehn Minuten werden wir unterbrochen und Ayache Daraji kommt in das Büro, um mir mitzuteilen, dass er jetzt los wolle. Ich bin unentschlossen, Michel al-Kik meint, wir könnten später weitermachen, er wäre noch im Büro, wenn wir nicht zu spät zurückkommen würden. Ich begleite Ayache Daraji und hoffe innig, Michel al-Kik am Nachmittag wirklich noch im Büro anzutreffen. Ich habe Glück, und wir setzen das Interview nach dreistündiger Unterbrechung fort. Michel al-Kik scheint nun weniger unter Zeitdruck

[167] Dieses Kapitel baut auf meinen Feldforschungsnotizen vom 06.05.2006 auf.

und auch entspannter zu sein. Ich beginne den zweiten Teil des Interviews mit der Frage nach seiner Ausbildung. Eigentlich keine besonders heikle Frage, habe ich bei der Vorbereitung der französischen Interviews gedacht. Allerdings wird mir in den Gesprächen mit den anderen Korrespondenten bereits deutlich, dass diese teilweise wenig Lust haben, mir etwas über ihre persönliche Geschichte zu erzählen. So entgegnet beispielsweise Youssef Daccache der Produzent auf meine Frage nach seinem beruflichen Werdegang, dass es doch nicht um ihn ginge! Michel al-Kik reagiert glücklicherweise gelassen auf die Frage und erzählt mir von seinem Weg zu *Al-Jazeera*, warum er den Libanon und seine Arbeit beim dortigen Fernsehen verlassen hat, um in Frankreich beim Radio zu arbeiten.[168] Nach zwanzig Minuten habe ich zunächst alle wichtigen Fragen meines Interviewleitfadens gestellt. Michel al-Kik will wissen, ob es das sei, was ich benötige? Ich antworte zögernd, ja, es wäre interessant gewesen, ich müsste aber erst einmal darüber nachdenken, sollte ich noch Fragen haben, würde ich mich melden. Er meint zwar, ich könne ihn gerne auch noch einmal anrufen oder Montag vorbeikommen, aber wenn es nichts mehr gäbe, dann sei ihm das auch recht. Ich entgegne, dass es für meine Arbeit erst einmal an Material reichen würde und frage, da ich eigentlich gerne noch in ein etwas informelles Gespräch überleiten möchte, worüber er denn seine Abschlussarbeit geschrieben habe. In diesem Moment schaltet Michel al-Kik mein Aufnahmegerät aus. Ich bin überrascht und auch leicht verärgert, reagiere aber nicht darauf, da ich ihn in seinem Redefluss nicht unterbrechen will. Das Gespräch läuft nun unaufgezeichnet weiter. Nachdem er von den Themen, mit denen er sich an der Uni beschäftigt hat, erzählt, kommen wir auf die Ausbildung von Journalisten zu sprechen und ich frage, was diese denn seiner Meinung nach enthalten müsse. Da mir das nun alles eigentlich sehr aufnahmewürdig erscheint, frage ich, ob ich das Gerät denn wieder anschalten könne, womit er sich einverstanden erklärt. Im weiteren Verlauf dieses nun dritten Teils des Interviews entwickelt sich das vorherige Frage-Antwort-Interview eher zu einem Gespräch und der Korrespondent erzählt, was seiner Meinung nach Glaubwürdigkeit im Journalismus ausmache und spricht über Talent und Charisma. Dieses Mal bestimme ich, wann das Interview endgültig aufhört...

[168] Der Weg vom Fernsehen zum Radio ist eher ungewöhnlich. Normalerweise verläuft die Karriereleiter im Journalismus umgekehrt. Die Arbeit beim Fernsehen wird generell höher bewertet. (Vgl.: Hannerz 2004: 76f)

Die hier beschriebene Situation gibt zum einen Aufschluss über die Machtverhältnisse und meine Position im Feld: als Praktikantin im *Al-Jazeera*-Büro in Paris, als deutsche Studentin bei arabischen Journalisten, als Frau in einer von Männern dominierten Arbeitskultur, als Forscherin bei „ihren Forschungssubjekten". Zum anderen deutet die Situation aber auch auf ein unterschiedliches Verständnis der Interviewpraxis der beiden „Disziplinen" Ethnologie und Journalismus hin und verweist somit auf zwei verschiedene Formen der Wissensarbeit, die sich hier begegnen. Um diese Situation in Hinblick auf diese beiden Aspekte zu interpretieren, sollen auch Beispiele aus Interviewsituationen mit den anderen Korrespondenten vergleichsweise herangezogen werden. In Anlehnung an Stefan Becks Artikel „Wissensarbeit als Gegenstand der Europäischen Ethnologie" (2000), soll dabei der „Akzent der interpretativen Bemühungen vom Symbolischen auf eine Rekonstruktion der Logik der materiellen, diskursiven sowie symbolisierenden Praxen" (Beck 2000: 219) gelegt werden.[169]

6.1 Studying Up

"They are busy people" so beschreibt Laura Nader eine der Zugangsschwierigkeiten beim *studying up* (Nader 1972: 302). Das zeigt sich am Beispiel des Interviews mit Michel al-Kik deutlich. Interviews mit "busy people" erweisen sich in meinem Forschungspraktikum in Paris nicht nur in dieser Situation mit Michel al-Kik als schwierig, wobei dieses noch zu den erfolgreichen Interviews gehört. Noureddine Bouziane, der sonst verhältnismäßig offen auf meine Anfragen, wie ihn bei Interviewterminen zu begleiten, reagiert, lässt sich gar nicht erst auf ein Interview ein. Bei meinen Anfragen witzelt er lediglich, ein Interview mit ihm würde teuer für mich werden. Im Interview mit Michel al-Kik werden über die Zeitfrage unterschwellig auch die Machtverhältnisse geklärt werden. Im Zu-Spät-Kommen Michel al-Kiks zum Interviewtermin, wird nicht nur der enge Zeitplan der Journalisten, sondern auch seine soziale Überlegenheit gegenüber mir sichtbar.

169 Beck schlägt vor, bestimmte Situationen in der Wissensarbeit gemäß Gilbert Ryles als „Zeit*punkt*" zu interpretieren „an dem Strukturen, Bedeutungen, Macht, symbolisches Kapital, Wissen und Praxisformen interaktiv erzeugt, überprüft, in Frage gestellt und neu konfiguriert werden" und – im Sinne Bourdieus – die „Logik der Praxis" herauszuarbeiten (Beck 2000: 223).

In dem Akt, dass Michel al-Kik mein Aufnahmegerät ausmacht, werden die Machtverhältnisse exemplarisch deutlich. Dieser Übergriff auf mein Arbeitsgerät, die Übernahme der Entscheidung, wann das Interview wirklich zu Ende ist, zeigt, dass er die Macht, die Situation zu beenden hier eindeutig bei sich sieht[170] (sowie zuvor auch diese herbeizuführen). In dieser Situation werde ich in meiner Forscherinnen-Rolle nicht anerkannt. Für das *studying up* sowie *studying sideways* ist dies eine wohl paradigmatische Erfahrung. Zwar herrscht auch in anderen Forschungsbereichen, wie der Arbeiter- oder Migrantenforschung, nicht unbedingt Verständnis für die Arbeit der Forscherin oder des Forschers. Dennoch sind *studying up* Forschungssettings in besonderer Weise durch „mangelnde Statusautorität" der Forscherin und „mangelnde Anerkennung" ihrer wissenschaftlichen Autorität geprägt, wie Warneken und Wittel in ihrem Artikel „Die neue Angst vor dem Feld. Ethnographisches *research up* am Beispiel der Unternehmensforschung" (1997) herausarbeiten. So stelle ich mich bei allen Korrespondenten zwar am Anfang meines Forschungspraktikums in Paris kurz mit meinem Forschungsvorhaben vor, doch eine Abschlussarbeit einer deutschen Studentin zu *Al-Jazeera*,[171] einer Forscherin mit Studierendenstatus, scheint für sie weder relevant, noch sehen sie unbedingt eine Verbindung zwischen Praktikum und Forschung. Besonders im Pariser Büro schlägt meinem Forschungsvorhaben eher „entmutigende[s] Desinteresse" (Warneken/Wittel 1997: 7) entgegen. Meine wissenschaftliche Beschäftigung mit journalistischer Arbeitspraxis spielt für die Korrespondenten schlicht keine Rolle. In der Arbeitspraxis bin ich einfach „die deutsche Praktikantin" und in bestimmten Situationen eben „Technikassistentin".[172] Diese Praktikantenrolle nehme ich auch bereitwillig ein, ermöglicht sie mir doch teilnehmend zu beobachten[173] und arbeitstechnische Fragen zu stellen, allerdings erschwert

[170] Ich kritisiere ihn für diesen „Übergriff" nicht, sondern versuche das Gespräch, in der Hoffnung weiteres Material zu sammeln, trotzdem weiterlaufen zu lassen, was sich in meiner Logik als richtig erweist, da im darauf folgenden Gespräch viele für mich interessante Themen gestreift werden.

[171] Noureddine Bouziane erzählt mir zweimal von französischen Studentinnen, die ihre Abschlussarbeit über *Al-Jazeera* schrieben. Jedes Mal grenze ich mich von deren Ansätzen ab und betone, dass ich auf meinen Fokus auf die Arbeitspraxis und zwei konkrete Büros lege. Woraufhin er dann allerdings keine weiteren Fragen stellt.

[172] Ich fühle mich im Pariser Büro eher der Gruppe von Kameramännern zugehörig, die hierarchisch an nächster Stelle über mir stehen.

[173] Da die Beobachtungsmöglichkeiten im Büro relativ begrenzt sind (vgl. Dornfeld 1998: 23 zu den Schwierigkeiten der Forschung in Büros) und die Journalisten meist mit Telefonieren, Lesen und Schreiben beschäftigt sind, bin ich über jede Möglichkeit froh, bei der ich die Journalisten als Stativträgerin begleiten kann.

sie mir auch den Wechsel in die Rolle der Forscherin, wie sich beim Vereinbaren von Interviewterminen zeigte.[174]

Soziale und intellektuelle Unterlegenheit werden in *research-up* oder *research on equal terms* Forschungssettings oftmals als latente Bedrohung der wissenschaftlichen Autorität wahrgenommen (vgl. Wittel/Warneken 1997). Diese Unterlegenheit ist in meinem Feld spezifisch aufgeladen: Zum einen stehen die Korrespondenten durch ihren Abschluss und ihre berufliche Position vom sozialen Status über mir. Diese Unterlegenheit wird aber durch meine Position als weiße, gebürtige Deutsche und zentraleuropäische Studentin gegenüber Immigranten und arabischen Journalisten wiederum gebrochen.

Meine Position im Feld ist zudem durch meine sprachliche Unterlegenheit gekennzeichnet: In Paris bin ich mit zwei Fremdsprachen konfrontiert. Während die Interviews und der Großteil der Kommunikation auf Französisch verlaufen, das ich umgangssprachlich zwar gut beherrsche, bei Fachgesprächen oder theoretischen Diskussionen aber an meine Grenzen stoße, stellen die arabischen (teils dialektalen) Konversationen unter den Korrespondenten für mich einen latenten Stress dar, da ich diese nur zum Teil verstehe und immer in der unterlegenen Position und somit auf weitere Erklärungen angewiesen bin.[175] Das Testen meiner Arabischkenntnisse fungiert als eine Art Einstiegshürde ins Feld, mit der ich zumindest mein Interesse an der arabischen Kultur beweisen kann.[176]

Darüber hinaus bin ich Praktikantin beziehungsweise Forscherin in einer männerdominierten Arbeitskultur, und der Umgang der Korrespondenten mit mir wird so auch über die mir genderspezifisch zugeschriebene Position bestimmt (vgl. Beck 2000: 219). Ob Michel al-Kik auch das Aufnahmegerät eines männlichen Forschungspraktikanten ausgemacht hätte, wage ich zu bezweifeln, auch wenn er meine Arbeit als Praktikantin schätzt, wie er mir zum Abschluss des Interviews in einer sehr paternalistischen Weise vermit-

[174] Diese Rollenverteilung ist im Pariser Büro von *Al-Jazeera* stärker ausgeprägt als im Berliner. Das hängt damit zusammen, dass sich meine Forschungszeit in Berlin weit über das Praktikum hinauszog. Während mehrerer Besuche im Büro, informellen Gesprächen, der Besprechung meines Artikels für die Zeitschrift *Kuckuck* über die Korrespondenten mit Aktham Suliman, und den Interviews selbst, entwickelte sich über die Monate eine eher durch freundschaftlichen Umgang geprägte Beziehung zum Berliner *Al-Jazeera*-Büro.

[175] Insbesondere einer der Pariser Kameramänner fungiert hier für mich als Übersetzer.

[176] In Berlin kann ich als Muttersprachlerin allerdings einige Male bei Übersetzungsfragen behilflich sein – eines der wenigen Beispiele, bei denen ich über eine benötigte Kenntnis verfüge.

telt.[177] Den Umgang, insbesondere der Pariser Journalisten, prägen genderspezifische Umgangsformen. Machtpositionen werden zwar auf eine charmante Weise, aber eben doch reichlich chauvinistisch geklärt. So lässt sich Ayache Daraji, der mich sonst eher ignoriert, zwar auf ein halbstündiges Interview ein, lehnte dessen Aufzeichnung aber mit der Begründung, dass er es vorziehe, wenn es keine Technik zwischen uns gäbe, ab: „Ich schaue dich an, du mich, ein Stift, das ist doch fast romantisch" – wenn ich es aufnehmen würde, wäre es das nicht mehr, so Ayache Daraji.[178]

6.2 Studying Sideways

Bestimmte Aspekte des Interviews zeigen aber, dass Michel al-Kik durchaus darauf bedacht ist, meine Erwartungshaltung zu erfüllen. Das klingt einmal in seiner Aussage zu Beginn des Interviews an, wenn er sagt, er antworte, was er kann und weiß, und ebenso in der Frage am Ende des Interviews, ob es das sei, was ich brauche.[179] Meine These ist, dass hier sein Verständnis von meiner Wissensarbeit, das von seiner eigenen Praxis ausgeht, sichtbar wird. Das journalistische Interview bestimmt als Modell die Situation und, da es sich in einigen Punkten stark von ethnologischen Interviewformen unterscheidet, entstehen Missverständnisse. Aus der Perspektive der journalistischen Wissensproduktion heraus wird verständlich, dass Michel al-Kik danach fragt, ob ich als Interviewerin die Antworten bekommen habe, die ich brauche. Diese Fixierung auf das Produkt, ist ein charakteristischer Aspekt der Nachrichten-

[177] Zudem war Michel al-Kik der einzige Korrespondent, der Interviewaufträge (genauer: Statements auf Demos und einer öffentlichen Veranstaltung zu sammeln) an mich weitergegeben hatte.

[178] Einen weiteren Grund, den er gegen das Aufzeichnen anführt, ist, dass das Interview ja kein Produkt zum Verkaufen sei. Das verweist auf sein Produktverständnis journalistischen Wissens, das er damit als etwas zum Verkaufen definiert.

[179] Das zeigte sich mir auch, als zum vereinbarten Interviewtermin mit Husam Chadat am 20.07.2006 vor dem Bürogebäude plötzlich beide Korrespondenten erschienen, um in ein Restaurant zu gehen. Ich könne mich mit ihm ja erst mal an einen anderen Tisch setzen, meinte Aktham Suliman. Zunächst verstand ich dies als Affront gegen meine Arbeit und Geringschätzung derselben. Allerdings ist die Situation aus dem Interviewverständnis der Journalisten heraus weniger als solcher zu verstehen. Der Restaurantbesuch entwickelte sich, nach meinem eher kurzen Interview mit Husam Chadat alleine, dann zu einem offenen Gruppeninterview mit beiden Korrespondenten.

praxis.[180] Auch das Ausschalten des Interviewgeräts ist, wenngleich immer noch ein Übergriff, verständlicher, denn wenn alle Fragen geklärt sind, ist das journalistische Interview in der Regel zu Ende.

Das typische Interview für die Nachrichtenbeiträge – wie ich es beobachtete – geht selten über fünf Minuten hinaus (das variiert leicht, je nachdem ob es sich um eine Pressekonferenz, einem vereinbarten Termin im Büro oder ein Passanteninterview handelt und wie viel die Zeit die Interviewpartnerin aufbringen kann); es werden wenige vorher bereits festgelegte Fragen zu einem eingegrenzten Thema gestellt; vor und nach dem Interview finden noch kurze eher informelle Gespräche statt; entscheidend ist neben dem Inhalt, dass die Bild- und Tonaufnahmen vollständig und fehlerfrei sind. Ohne die explorative Dimension der Interviews gänzlich leugnen zu wollen, scheint es mir doch in den meisten Fällen so, dass der Inhalt nichts Neues für die Journalisten darstellt und es statt dessen vorrangig darum geht, eine bestimmte Position und Meinung „im Kasten" zu haben.[181] „Wir brauchen noch jemanden von der Gegenseite" oder „das war genau das, was ich brauchte" sind Sätze, die ich von den Journalisten auf öffentlichen Veranstaltungen wie Demonstrationen etc. häufig höre. Sie verweisen auf eine Form der Wissensproduktion, die vergleichsweise wenig Offenheit aufweist und der ein klares Ziel vorangestellt ist.[182] Diese Offenheit ist der ethnologischen Wissensproduktion weit mehr zu Eigen und gehört (meines Erachtens) zu den Paradigmen der ethnologischen Forschung, in der die Offenheit der eigenen Wissensprozesse zumindest immer wieder betont wird. Die Form der journalistischen Wissensproduktion wird im Unterschied zur ethnologischen einerseits durch straffe zeitliche Produktionsbedingungen, und andererseits auch durch das Produkt selber bestimmt – in diesem Kontext meist ein zweieinhalb-minütiger Nachrichtenbeitrag. Auch in der Ethnologie strukturiert das Format des angestrebten

[180] Ein weiteres Beispiel für diese Produktgerichtetheit zeigte sich im Interview mit Aktham Suliman. Als ich anfange zu erklären, worüber ich mit ihm sprechen will, fällt er mir ins Wort und meint, das brauche ich ihm nicht zu erklären. Ich solle ihm nur sagen, ob ich längere oder kürzere Antworten wolle. Offensichtlich kontrolliert er das eigene Reden je nach Kontext und gefordertem/gewünschten Produkt. Diese Fähigkeit ist eine zentrale Anforderung in der journalistischen Praxis. So wird beispielsweise bei Live-Interviews gefordert, drei Minuten am Stück zu reden.

[181] Nach einem Interviewtermin mit Aktham Suliman bei einem Meinungsforschungsinstitut am 06.09.2005 äußerte dieser, dass es nichts Neues sei, was der Interviewpartner gesagt habe, aber er hätte alles was er brauche. (Für mich war diese Interviewform etwas enttäuschend und langweilig, entsprach sie doch meinem zunächst noch romantisierendem Bild journalistischer Praxis nur wenig.)

[182] Für die Feature-Beiträge sähe das selbstverständlich anders aus, allerdings stellen die eher die Ausnahme in der alltäglichen Praxis dar.

Produkts, ob Artikel oder längere wissenschaftliche Arbeit, den Arbeitsprozess. Die zeitlichen Grenzen und das Wissensformat bestimmen so zwar in beiden Praxen den Prozess der Wissensproduktion, allerdings ist der zeitliche Rahmen in der ethnologischen Wissensarbeit in der Regel größer und die Deadlines nicht minutengenau wie im Journalismus.

Zwar bin ich mir bewusst, durch die teilweise vereinfachende Gegenüberstellung der ethnologischen und journalistischen Wissensproduktionen diese zu stark zu homogenisieren und zu simplifizieren, wie es Lisa Malkki als Gefahr des Vergleichs zwischen beiden Praxen beschreibt (Malkki 1997: 94). Wichtig erscheint mir hier allerdings in erster Linie, die obige Situation auch als Konfrontation oder Begegnung zwischen zwei unterschiedlichen Formen der Wissensarbeit beziehungsweise Wissensproduktion zu interpretieren und nicht „nur" als Zugangsschwierigkeiten im *studying up* zu verstehen.

Das Modell des journalistischen Interviews und, vielleicht mehr noch, die Gerichtetheit auf das Produkt in der journalistischen Praxis strukturieren mein Interview mit Michel al-Kik. Der Journalist versucht bis zu einem gewissen Grad meiner Erwartungshaltung entgegenzukommen, wobei er von seinem (journalistischen) Modus der Wissensarbeit ausgeht. Gerade dadurch wird meine Erwartung – ich wünsche mir neben den Antworten auf meine direkten Fragen ein offenes Gespräch – zum Teil konterkariert. Erst in dem sich nach dem Interview entwickelnden Gespräch ist dann die Kommunikationsform offener. Michel al-Kik ist nun weniger „professionell" (in dem Sinne, dass er anfangs möglichst neutrale Antworten insbesondere in Bezug auf *Al-Jazeera* gibt) sondern weitaus persönlicher. Ich erfahre Dinge, die über das Büro und die konkrete Arbeit hinausgehen und sein professionelles Ethos ausmachen. Am Ende sind die anfangs noch sehr klaren Hierarchien etwas aufgebrochen, und es gelingt mir auch, diesen Teil des offenen Interviews zu beenden und nicht beenden zu lassen.

Im Exkurs zeigte sich, dass Interviews mit Journalisten, da sie über professionelle Expertise – sowohl im Interview führen als auch beantworten – verfügen, eine besondere Herausforderung sind. Sie bieten aber auch die Möglichkeit die professionelle Selbstrepräsentation der Journalisten und ihre Form der Wissensarbeit zu untersuchen. Aus der Erfahrung dieses Interviews heraus, scheint es mir wichtig zu sein, beim *studying sideways* gerade die Wissenspraxen zu reflektieren, die weder „ihre" noch „unsere" sind – um dann die Parallelen und Differenzen produktiv nutzen zu können.

7 Ethos der Übersetzung

Auslandsberichterstattung in den Massenmedien ist durch die Vermittlung zwischen unterschiedlichen kulturellen Kontexten charakterisiert und so als „Übersetzen zwischen den Kulturen“ zu verstehen. Dabei kann die Form der „Vermittlung“ allerdings erheblich variieren und einerseits Konflikte verschärfen als andererseits auch im positiven Sinne vermittelnd wirken.[183] Letzteres kann sowohl durch die Erweiterung bestimmter Frames als auch durch das Weglassen sozial unerwünschter Frames geschehen, wie im Verlauf dieses Kapitels exemplarisch gezeigt wird. *Al-Jazeera* Korrespondenten nehmen, so meine These, in ihrer Tätigkeit eine Mittlerposition zwischen dem lokalen europäischen Kontext und der arabischen Öffentlichkeit ein. Zwei Punkte des *Al-Jazeera* Ethik-Kodizes sind im Themenfeld der kulturellen Übersetzung relevant:

Present diverse points of view and opinions without bias or partiality. (§ 5)

Recognise diversity in human societies with all their races, cultures and beliefs and their values and intrinsic individualities in order to present unbiased and faithful reflection of them. (§ 6)

Aus beiden Punkten ist eine unparteiische und reflektierte Darstellung von kultureller Differenz abzuleiten, Konfliktfälle, die dabei von Bedeutung sein können, werden allerdings nicht erwähnt. Kulturelle Vielfalt sowie verschiedene Standpunkte unparteiisch und reflektiert darzustellen, ist eine hohe normative Anforderung an die Korrespondenten. Wie ich zeigen werde, ist die Praxis der Auslandsberichterstattung ein Aushandlungs- und Transferprozess, der durch vielfältige Instanzen strukturiert ist. Insbesondere die imaginierten Zuschauererwartungen, das Übersetzungsethos des einzelnen Korrespondenten sowie die Anforderungen der Senderzentrale sollen dabei beleuchtet werden.

[183] Siehe zur medienwissenschaftlichen Perspektive auf transkulturelle Kommunikation Hafez 2002: 163-177.

Zum Einstieg in die Übersetzungsthematik möchte ich diesem Kapitel einen Interviewausschnitt voranstellen, in dem Aktham Suliman die Beitragsproduktion zu einem besonders heiklen Thema beschreibt.

Aktham Suliman: Und ich sag immer, ich brauche mindestens fünfzehn Minuten, um das zu erklären, den Kontext, und die bekomme ich nicht, also berichte ich nicht. Und dann kam die Anfrage [aus Katar].

SJ: Ach sie kam?

AS: Und für welche Sendung? Scharia und das Leben – Shari'a wa-l-hayat[184]*. Wir wollen einen Beitrag über Homosexualität, wie das gesetzlich gehandhabt wird und gesundheitlich und was weiß ich was alles. Wir haben einen Beitrag gemacht, voll schön, darauf geachtet, dass keine Küsschen, keine Intimitäten zu sehen sind, nur so wie sie sich gesellschaftlich am Christopher Street Day zeigen. Dann haben wir noch etwas vom Papstbesuch gezeigt, dass die katholische Kirche dagegen ist, also dass das sehr ähnlich wie im Islam ist. Dann haben wir darüber gesprochen, dass die Akzeptanz hier sehr groß ist und dass Politiker, die bekannt sind, ob das Wowereit, der von der FDP, mir fällt der Name leider nicht ein, oder andere sind, die sich bekennen. Und dass es jetzt Hilfszentren gibt. Wir haben mit einem Hilfszentrum gesprochen, in dem auch Schwule arbeiten. Und ein Arzt, ein sehr alter Mann, nicht Arzt, Sexualwissenschaftler, war da, der sehr aufgeklärt war, der war toll, der ist über siebzig, kam zu uns, hat ein Interview gemacht zum Thema und erklärt, dass es keine Krankheit ist, zumindest aus medizinischer Sicht, aus sexualwissenschaftlicher Sicht. Das war klasse! Dann haben wir mit Menschen auf der Straße gesprochen, um zu zeigen wie die Öffentlichkeit dazu steht. Und im letzten Moment wurde es gestoppt, nach dem Motto, das Thema ist zu sensibel, um es so in drei Minuten zu packen. Also, danke für den Beitrag, aber wir strahlen ihn nicht aus. [...] Mir war klar, natürlich kann man das nicht so einfach mit dem arabischen Publikum. Deswegen war der Beitrag sehr anständig, sehr distanziert, mit viel Rücksicht auf alle Seiten.*

[184] Wöchentliche islamische Sendung Yussuf al-Qaradawis auf *Al-Jazeera*, in der religiöse Fragen behandelt werden. Der islamische Rechtsgelehrte al-Qaradawi gilt als eine der obersten Autoritäten im sunnitischen Islam.

Leute, über so etwas in Deutschland, denkt darüber was ihr wollt. Was sie denken wollen war klar [imitiert die Haltung des arabischen Publikums]: „Wie bitte und noch ein Hilfszentrum dazu?! Jetzt auch noch ein Hilfszentrum, um alle dazu zu verleiten? Die sind doch alle krank."

SJ: Habt ihr den Beitrag noch hingeschickt oder haben die vorher schon gesagt...

AS: Die haben gesagt, es sei nicht gegen den Beitrag direkt, aber zum Thema passt jetzt kein Beitrag. Klar Qaradawi und so... Qaradawi hat natürlich Einfluss auf seine Sendung, Schari'a wa-l-hayat. Wahrscheinlich war er auch derjenige, der dagegen war meinen Beitrag auszustrahlen, der sehr liberal war – den Beitrag meine ich.[185]

Aktham Suliman hat, trotz seiner Skepsis über die Vermittelbarkeit von Homosexualität, auf Anfrage aus Katar, den Versuch unternommen, einen Beitrag zum Thema zu produzieren. In seiner Beschreibung der Beitragsproduktion betont Aktham Suliman mit welcher Vorsicht er dieses Thema behandelt habe, „distanziert" und „mit viel Rücksicht", ist er sich doch über die Schwierigkeiten der Übersetzung in diesem Feld bewusst. Seine Beschreibung zeugt von seiner kulturellen Sensibilität, seinem komparativen Bewusstsein und seiner Vermittlerethik – auf alle diese Aspekte werde ich in diesem Kapitel eingehen. Darüber hinaus werden in diesem Interviewausschnitt aber auch die Grenzen der Übersetzung thematisiert: regionale kulturelle Standards und konservative Haltungen in der *Al-Jazeera*-Zentrale. Der Korrespondent reflektiert diese und macht sich über die Auswirkung seines Beitrags und seiner Bemühungen keine allzu großen Hoffnungen. Zumindest die ablehnende Reaktion des arabischen Publikums sieht er voraus. Dass der in seiner Einschätzung „liberale Beitrag"[186] schließlich abgelehnt wurde, begreift er nicht als seinen Fehler oder führt dies auf die Qualität des Beitrags zurück, sondern begründet es implizit mit der konservativen Haltung desjenigen, der sich gegen den Beitrag entschieden hat.

[185] Interview mit Aktham Suliman am 03.07.2006.

[186] Als „liberal" beschreibt er auch die Ausrichtung des Berliner Büros.

Übersetzen ist hier nicht nur im herkömmlichen Sinne als sprachliche Übersetzung, sondern weiter als „kulturelle Übersetzung“[187] gefasst. In postkolonialen Übersetzungsstudien[188] wird Übersetzung als Transfer zwischen Kulturen im Sinne einer höchstkomplexen und verflochtenen Austauschpraxis verstanden. Diese Studien heben den Beitrag von Übersetzung in der Konstruktion von Kultur hervor und untersuchen dabei insbesondere die sie determinierenden Machtverhältnisse (vgl. Wolf 2006: 13).

Anthropologen, die in ihre jeweiligen Länder zurückkehren, müssen „ihr Volk“ beschreiben, und sie müssen dies gemäß den Konventionen der Repräsentation tun, die von ihrer Disziplin, den Institutionen und der übrigen Gesellschaft bereits definiert („umschrieben“, „begrenzt“) wurden. (Asad 1993: 325)

So ist auch die Übersetzungs- beziehungsweise Transferpraxis der *Al-Jazeera*-Korrespondenten in bestimmte Repräsentationskonventionen sowie institutionelle Zwänge eingebunden, wie sie sich im obigen Interviewausschnitt andeuten. Allerdings bestehen innerhalb dieser auch gewisse Spielräume, in denen die Korrespondenten ihr spezifisches Ethos der Übersetzung praktizieren. Bevor ich dieses Ethos näher untersuche, sollen zunächst die Voraussetzungen und Kontexte der Übersetzungspraxis untersucht werden. Im ersten Teil dieses Kapitels (7.1) beschreibe ich die professionelle Figur des *Al-Jazeera*-Korrespondenten, die aufgrund ihres spezifischen Hintergrunds und ihrer professionellen Erfahrung einen besonderen Typ von Auslandskorrespondent darstellt. Dessen sprachliche und kulturelle Kompetenz bildet die Grundlage für die spezifische Perspektive der professionellen Übersetzung. Anschließend behandle ich den komparativen Wissensmodus mit dem die Korrespondenten ihre professionelle Praxis bestreiten und stelle diesen in Zusammenhang mit ethnologischen Methoden des Vergleichs (7.2). Darauf aufbauend untersuche ich anhand von Auszügen aus Interviews mit den Korrespondenten ihr Verständnis der eigenen professionellen Übersetzungspraxis und die darin formu-

---

[187] Talal Asad zeigt, dass dem Konzept von „Übersetzungen zwischen den Kulturen“ in der Ethnologie, insbesondere der britischen Sozialanthropologie, das Konzept von „Kultur als Text“ zugrunde liegt und problematisiert die „Ungleichheit der Sprachen“ (Asad 1993: 321). „[Der Anthropologe] muss den Diskurs als kulturellen Text konstruieren, in dem Sinne, dass die Bedeutung dem breiten Feld der Praktiken implizit ist.“ (ebd.: 327).

[188] Beispielsweise Simon, Sherry/St-Pierre, Paul (Hg.), 2000: *Changing the Terms. Translating in the Postcolonial Era*. Ottowa.

lierte Vermittlerethik und zeige, welche Vorannahmen dieser zugrunde liegen, wie diese durch den Kontext strukturiert wird, und welche Haltungen die Korrespondenten dabei einnehmen (7.3).[189] In 7.4 diskutiere ich am Beispiel der (Nicht-)Berichterstattung über Homosexualität die Grenzen der Übersetzung. In den Erklärungen der Korrespondenten, warum es bei diesem Thema Übersetzungsprobleme gibt, wird ihr professionelles Ethos und ihr Produktverständnis exemplarisch sichtbar. Wobei anzumerken ist, dass Berichterstattung über Homosexualität in besonderem Maß aufgeladen ist. Ansonsten sind Fälle von direkter Zensur äußerst selten und der Einfluss der Zentrale meist subtiler als hier.[190] Aber gerade wegen ihrer Brisanz zeigt die (Nicht-)Berichterstattung über Homosexualität exemplarisch die Grenzen der Übersetzungstätigkeit sowie die Grenzen der Vermittlungsbestrebungen der Korrespondenten.

7.1 Professionelle Halfies?

Alle *Al-Jazeera* Korrespondenten in meinem Feld wurden in einem arabischen Land geboren und absolvierten dort ihre Schulausbildung. Ihre professionelle Ausbildung und erste Erfahrungen im Journalismus machten sie an unterschiedlichen Orten. Während die beiden Berliner Korrespondenten (Aktham Suliman und Husam Chadat) ihre journalistische Tätigkeit in Deutschland begannen, sind die professionellen Wege der Pariser Korrespondenten (Noureddine Bouziane, Youssef Daccache und Ayache Daraji) durch ein Pendeln zwischen ihren arabischen Herkunftsländern und Frankreich geprägt – nur der Pariser Büroleiter Michel al-Kik stieg erst nach mehreren Berufsjahren in seinem Herkunftsland Libanon auf eine Karriere in Frankreich um. Trotz der leicht unterschiedlichen professionellen Bewegungen bringen alle Korrespon-

189 Es handelt sich hauptsächlich um Interviews mit den Berliner Korrespondenten. In der Forschung in Berlin stand diese Thematik mehr im Vordergrund, in Paris dagegen eher die Beziehung zur arabischsprachigen Community und die Frage nach deren Repräsentationsansprüchen, was sich klar im Inhalt beziehungsweise der Aufteilung dieser Arbeit niederschlägt. Dass ich mit den Berliner Korrespondenten mehr über solche Themen sprach, hängt mit ihrer Selbstrepräsentation zusammen, in der die Reflexion über den eigenen Standpunkt immer wieder vorkam. Sie ist Teil ihres professionellen Ethos'.

190 Als Beispiel für die Zensur einer Sequenz, ist ein Beitrag zur Fußballweltmeisterschaft zu nennen, in dem der Schatten einer Bauchtänzerin zu sehen war. Aktham Suliman erzählt mir, dass er zum Abschluss eines eher lockeren Berichts zur Stimmung bei der Weltmeisterschaft den Beitrag mit dem Satz habe enden lassen, dass jede Nation und Kultur ihre Sportart habe, bei der sie die beste sei. Das Bild der Bauchtänzerin wurde hier von der Redaktion in Katar herausgeschnitten. (Aktham Suliman im Interview am 03.07.2006)

denten eine Berufserfahrung mit, die durch unterschiedliche journalistische Stile geprägt wurde. *Radio France International*, *Euronews* und *Deutsche Welle* sowie *Abu Dhabi TV* und *Radio Orient*, waren Stationen vor *Al-Jazeera*, in denen die Journalisten in unterschiedlichen Kontexten und Arbeitssprachen journalistisch tätig waren.[191] Im Unterschied zu den meisten bei westlichen Nachrichtensendern tätigen Korrespondenten berichten die *Al-Jazeera* Korrespondenten in meinem Feld als "long-timer" aus dem jeweiligen europäischen Land oder durchliefen dort, wie Aktham Suliman, sogar ihre Ausbildung. Ihre Sprach- und Länderkompetenzen vor Ort sind dementsprechend hoch und weichen von denen der klassischen Auslandskorrespondenten ab (vgl. auch Kapitel 2.1, S. 21f.).

Die Korrespondenten verfügen über multikulturelle Sprach- und Sachkenntnisse, die sie zum Teil bereits vor der beruflichen Ausbildung durch ihre Primär- wie Sekundärsozialisation erlernt haben und die für ihren Beruf als Auslandskorrespondent bei *Al-Jazeera* elementar sind. Diese Kenntnisse privilegieren sie gegenüber anderen Journalisten und beeinflussen, so meine These, auch ihre Perspektive in der „Übersetzung". Sie haben jedoch dann durch ihre professionelle Ausbildung, in deren Verlauf sie in unterschiedlichen kulturellen Kontexten und in transnationalen Medienunternehmen gearbeitet haben, die spezifischen Anforderungen der kulturellen Übersetzung in der Nachrichtenpraxis gelernt. Diese Fähigkeiten sind ihnen nicht allein via Herkunft zu Eigen. Allerdings ist die Herkunft wiederum Voraussetzung, um überhaupt bei *Al-Jazeera* Journalist zu werden und kann als strukturierender Faktor somit nicht ignoriert werden.

Die Position der Korrespondenten vor Ort sowie ihr spezifischer Blick auf die Ereignisse in Europa in Hinblick auf die Praxis der kulturellen Übersetzung war eines meiner leitenden Forschungsinteressen. Insbesondere ihre eigene Einschätzung interessierte mich dabei:

SJ: Wie würdest du den Blick beschreiben, den Al-Jazeera-Korrespondenten auf die Ereignisse und Themen hier in Deutschland haben? Ist das eher ein Außenblick oder ein Innenblick?

[191] Vgl. hierzu die kurzen Porträts im Kapitel 2.2.

Husam Chadat:

Wir leben hier schon lange, also wir sind seit 13 Jahren hier, wir verstehen, wie das alles hier funktioniert in Deutschland. Deswegen haben wir von einem Ereignis hier das bessere Verständnis. Aber natürlich ist das ein gemischter Blick, weil wir gleichzeitig mit den Augen der arabischen Welt blicken. Denn was wir in Nachrichten weitersenden, das ist, was die arabische Welt interessiert. Wir müssen daran denken, was denken die Araber, was wollen sie sehen, was interessiert die arabische Welt?[192]

Aktham Suliman:

Also berufsbeschreibend – aber subjektiv, klar, das ist jetzt keine Wissenschaft – würde ich vielleicht sagen, es ist ein Mischmaschblick, man versucht einen Mischmaschblick zur Geltung kommen zu lassen. Du lebst in dem Land, egal wo du lebst, ob in China, in Deutschland, in den arabischen Ländern oder anderswo, das färbt ab. Gleichzeitig hat man immer sein Publikum im Hinterkopf, eine imaginäre Größe, die man sich vorstellt. Man glaubt zu wissen, was sie wollen, zu wissen, was ihnen passt oder nicht.[193]

„Mischmaschblick", „gemischter Blick", die beiden Berliner Korrespondenten beschreiben ihre Sicht auf die Ereignisse in Deutschland mit relativ ähnlichen Worten.[194] Sie reflektieren bewusst die eigene Position und ihre vielschichtige Perspektive. Mit dem („besseren") Verständnis für die Situation „hier" und gleichzeitig dem imaginären Publikum „im Hinterkopf", charakterisieren sie ihren Blick. Das Publikum wird dabei als homogene Gruppe, die „Augen der arabischen Welt" als eine einheitliche Perspektive beschrieben. Auffällig klar benennen beide die Forderungen des Publikums („was sie wollen", „was die arabische Welt interessiert") und beschreiben diese als einen entscheidenden Einflussfaktor in der Nachrichtenproduktion. Daran wird deutlich, dass die

192 Interview mit Husam Chadat am 03.07.2006.

193 Interview mit Aktham Suliman am 20.07.2006.

194 Die Interviews fanden unabhängig voneinander statt.

Nachrichtenproduktion in ihrem Verständnis ein Weiterleiten von ganz bestimmten Informationen ist, die unter einer spezifischen Perspektive zusammengestellt werden. Auf dieses Produkt(ions)verständnis werde ich in 7.4 näher eingehen. In den Zitaten klingt bereits an, wie ihre Perspektive von den Anforderungen der Praxis bestimmt wird und sie es als Teil ihrer Professionalität verstehen, die verschiedenen Kontexte und Erwartungshaltungen der Zuschauer zu reflektieren.

Manchmal, wenn wir dann irgendwie Wirtschaftsbeiträge gemacht haben über die Vorteile und Nachteile mit der Koalition, wie soll ich das alles erklären? Nachtpauschale, Pendel... was weiß ich, das sind so komplizierte Sachen, da muss man irgendwie einen Satz finden. Irgendwie ein paar Änderungen, blablabla, weil du alle diese Details, die nur die Deutschen verstehen können, nicht detailliert erklären kannst. Das braucht man auch nicht alles zu wissen, das ist zu kompliziert, nur die großen Themen, über die berichtet man detailliert. (Husam Chadat)[195]

Die Wahrnehmung der Korrespondenten ist darin geschult, beide Kontexte gleichzeitig mitzudenken, sich insbesondere aber immer darüber bewusst zu sein, was „dort" überhaupt von Interesse ist. Der konkreten Berichterstattung geht die Selektion dessen voraus, was überhaupt übersetzungsrelevant ist, das Auslassen bestimmter Informationen ist demnach als ein wichtiger Faktor in der Vermittlungspraxis festzuhalten. Husam Chadat und Aktham Suliman nannten in den Interviews beide die Gesundheitsreform, die zur Zeit meines Interviews gerade die deutsche Tagespolitik bestimmte, als Beispiel für ein deutsches Topthema, das auf *Al-Jazeera* nicht einmal eine Meldung wert sei. Sie begründeten es damit, dass es dort einfach niemanden interessieren würde und keiner etwas damit anfangen könne.

Die spezifische Position und Perspektive der journalistischen Übersetzer weist wie bereits in der Einleitung zu diesem Kapitel besprochen, Ähnlichkeiten zur kulturellen Übersetzung in der Ethnologie auf. Das ethnologische „Übersetzen zwischen den Kulturen" setzt ebenfalls Kenntnisse über die lokalen Gegebenheiten voraus, klassischerweise eine „nicht-westliche" Gemeinschaft, sowie die Reflexion der Anforderungen des Zielpublikums, der wissenschaftlichen Community. Im Fall der Korrespondenten lassen sich meines Erachtens

---

195 Interview mit Husam Chadat am 20.07.2006.

insbesondere Bezüge zur Figur des *Halfie*-Ethnologen von Lila Abu-Lughod ziehen. *Halfies* definiert diese zunächst als "people whose national or cultural identity is mixed by the virtue of migration, overseas education, or parentage" im Gegensatz zu den "wholies" (1991: 137). Idealtypisch sind dies Ethnologinnen und Ethnologen, die mit dem in der Ausbildung im westlichen Kontext erworbenen Wissen in ihr Herkunftsland beziehungsweise das ihrer Eltern gehen, um dort zu forschen und dann in der westlichen akademischen Welt zu „berichten".[196] Der *Halfie*-Begriff ist insofern kritisch zu betrachten, als dass er eine essenzialisierende Zuschreibung – die Konstruktion einer gebrochenen/„halben" gegenüber einer vollständigen (whole) kulturellen Identität – implizieren kann.[197] Wobei Lila Abu-Lughod das *Halfie*-Sein eher im Sinne von zwei/multiplen Identitäten und Positionen innehaben und als eine privilegierte Position für die ethnologische Forschung konzeptualisiert, die per se durch gespaltene Loyalitäten gekennzeichnet ist. In diesem Zusammenhang erscheint mir der Begriff sinnvoll, um die spezifische Position der Korrespondenten in meinem Feld zu markieren. Besonders deshalb, weil die Korrespondenten in ihrer Selbstdarstellung selbst die Rolle von *Halfies* einnehmen und ein besseres Verständnis für die unterschiedlichen kulturellen Kontexte beanspruchen (s. dazu auch 7.3). Wobei sie sich nicht selbst als *Halfies*, sondern vielleicht eher als "Bothies" bezeichnen würden. In jedem Fall verstehen sie ihre Kenntnisse über die verschiedenen kulturellen Kontexte nicht als Minderung, sondern als Bereicherung für ihre Arbeit – und als solche wurde die Figur des *Halfie* auch von Lila Abu-Lughod in Hinblick auf die ethnologische Arbeit konzipiert.

Die Korrespondenten unterscheiden sich von den von Lila Abu-Lughod betrachteten *Halfie*-Ethnologinnen und -Ethnologen insofern, als dass sie für ein Publikum in ihrer (äußerst heterogenen) Herkunftsregion über die „Fremde" berichten – also über das Land, in dem sie (teilweise) ihre Ausbildung durchlaufen haben und in dem sie seit Jahren leben. Doch sind bei beiden „Figuren" die Perspektiven auf die Situation vor Ort in ähnlichem Maß gebrochen und Innen- und Außenperspektive gehen ineinander über. Durch ihren kulturellen Hintergrund sowie ihre professionelle Ausbildung verfügen *Halfies* einerseits über einen gewissen Blick von „außen", aber, so Lila Abu-Lughod,

196 Abu-Lughod selbst borgte sich diesen Begriff ihren Angaben zufolge wiederum von Kirin Narayan. (Abu-Lughod 1991). Ich stütze mich hier eher auf ihre weite Definition am Anfang des Textes (s. Zitat).

197 Siehe weiterführend zur Kritik am Begriff „indigener Anthropologe" und dessen inhärentem essentalistischen Verständnis von Kultur: Lange 2005: 23-25.

“the outsider never simply stands outside [...]. What we call the outside is a position within a larger political-historical complex” (1991: 141). Die Korrespondenten haben, wie die *Halfie*-Ethnologen, sowohl eine Beobachter-Position als auch eine eng mit der lokalen Gesellschaft verwobene Position inne. Desweiteren ist die Position gegenüber dem Zielpublikum bei beiden Figuren ähnlich verwoben. Bei den Korrespondenten wird diese keinesfalls durch ihren ebenfalls arabischen Hintergrund allein bestimmt sondern unter anderem auch durch die Anforderungen der professionellen Praxis beeinflusst.

Zusammenfassend lässt sich konstatieren, dass die Korrespondenten durch ihre in der Sozialisation und professionellen Ausbildung erworbenen Kompetenzen über Sensibilität für die verschiedenen Relevanzen in den jeweiligen kulturellen Kontexten verfügen. Treffender als mit der *Halfie*-Zuschreibung und ihrer Selbstwahrnehmung näher wären sie wohl als “Bothies” zu bezeichnen. Diese damit verbundenen Kompetenzen macht sie nicht per se zu besseren Übersetzern; wie sich aber in meinem Material zeigt, nutzen sie diese Kompetenzen mehrheitlich für eine vermittelnde kulturelle Übersetzung. Das zeigt sich insbesondere im einleitenden Beispiel im Bericht über Homosexualität. Da der Korrespondent sich der Sprengkraft des Themas Homosexualität bewusst ist, versucht er möglichst wenig anstößige Bilder in den Beitrag zu bringen und deutlich zu machen, dass die Thematik in Deutschland gänzlich anders wahrgenommen und anders damit umgegangen wird. Gleichzeitig nimmt er Rücksicht auf die Position der Homosexuellen selbst, anstatt so zu berichten, wie es das arabische Publikum vielleicht erwarten würde.

Im Folgenden soll nun der „Mischmaschblick“ und der Modus der Nachrichtenproduktion näher beleuchtet werden.

7.2 Komparatives Bewusstsein

„Mischmasch“ impliziert auch Unklarheit und Uneindeutigkeit und verweist auf eine Art gleitendes Bewusstsein, das zwischen dem „Hier“, beispielsweise einem konkreten Ereignis, und dem imaginierten Zuschauer und dessen kulturellen Kontext „dort“ hin- und herpendelt. Vergleichen, so meine These, ist ein elementarer Modus der Übersetzungs-/Transferpraxis der Korrespondenten. Deswegen bestimme ich dieses Bewusstsein hier als komparatives Bewusstsein.[198]

Um die Übersetzungs-/Transferpraxis der Korrespondenten genauer zu bestimmen, werde ich im Folgenden den journalistischen Modus des Vergleichs in meinem Feld mit ethnologischen Vergleichsansätzen zusammenführen. Auch in der ethnologischen Wissensproduktion ist der Vergleich eine konstitutive, wenn auch umkämpfte Methode, wie im Aphorismus Evans-Pritchards "Anthropology's only method is the comparative method, and that is an impossible one" (nach Strathern 2002: XVII) anklingt. Der Vergleich als Modus und Praxis ethnologischer Wissensproduktion beinhaltet verschiedene Dimensionen. In der Geschichte des Faches fungierte der Vergleich als Methode, um universelle Theorien oder Metanarrative wissenschaftlich zu beweisen (vgl. Strathern 2002), so beispielsweise im "holocultural approach" der 1950er Jahre, einer explizit quantitativen, objektivierenden Methode des Kulturvergleichs. Aber auch nach dem Ende des expliziten Vergleichs wird in komparativen Unternehmen die Ähnlichkeit und Unabhängigkeit der vergleichenden Phänomene vorausgesetzt (vgl. Beck 2000: 217). Die Herstellung von Vergleichsentitäten bleibt dabei problematisch. Laura Nader plädiert in "Comparative Consciousness" (1994) für eine Revitalisierung der Methodologie des Vergleichs, im Sinne eines Bewusstseins- beziehungsweise Bewusstwerdungsprozesses. Komparatives Bewusstsein – im Zwischenraum von partikularistischen und generalisierenden vergleichenden Ansätzen – versteht sie als Möglichkeit sich dem eigenen Blick bewusster zu werden, die Beziehungen zwischen Lokalem und Globalem neu untersuchen zu können und flüchtige Situationen ins Bewusstsein zu rücken und denkbar zu machen (Nader 1994: 86). Es geht ihr somit nicht um Vergleiche zweier dichotomer Gegenstände, um die Hervorhebung der Differenz, sondern darum, die Ähnlichkeiten und Übereinstimmungen sichtbar zu machen (Nader 1994: 92).

In der zeitgenössischen Forschung existiert nun eine Pluralität qualitativer komparativer Methoden.[199] Richard G. Fox und Andre Ginrich bestimmen in *Anthropology by Comparison* (2002) drei Dimensionen des Vergleichs, die für die Ethnologie relevant sind. In diese möchte ich auch den Modus/die Modi des Vergleichs der *Al-Jazeera*-Korrespondenten einordnen. Als erste Dimensi-

[198] Der Begriff ist angelehnt an Laura Naders Artikel "Comparative Consciousness" (1994).

[199] Die Vergleichseinheiten müssen nicht unbedingt homogene, stabile Entitäten sein, sondern werden als verschwommen und in größere Entwicklungen eingebunden verstanden (vgl. Fox/Ginrich 2002: 19).

on bestimmen sie die „basis-/kognitive" Dimension des Vergleichs – im Sinne von "humans always compare" (Fox/Ginrich 2002: 20f); als zweite Dimension die des impliziten Vergleichs, die bei jedem „soziokulturellen Übersetzen" von einem kulturellen Kontext in einen anderen zu finden sei. Als dritte Dimension machen sie die des expliziten Vergleichs aus – als eine bewusste Anwendung komparativer Methoden (ebd.). Betrachtet man unter dieser Perspektive die Praxis der Korrespondenten von *Al-Jazeera*, so fällt diese eindeutig in die zweite Dimension des Vergleichs. Die Korrespondenten nehmen in ihren Übersetzungen/Transfers selten explizite Vergleiche vor, allerdings ist die implizite Dimension des Vergleichs ihrer Praxis immanent, wie jeder Form der *cross-cultural* Beschreibungen, so beispielsweise Reisebeschreibungen.

> *This second dimension of comparison is more specific to anthropology and related fields. Wherever they work anthropologists are always involved in the active pursuit of methodological comparison, at least to a minimum extend. In our writing, speaking or filming about local or historical contexts, as anthropologists we address others who come, for the most part, from different contexts. Even a confirmed relativist is involved in such elementary sociocultural translation, which usually involves the use of terminologies from both contexts; of necessity such "translation" involves a minimum amount of systematic comparison between them. (Fox/Ginrich 2002: 20)*

In der Arbeitspraxis der Korrespondenten findet man diese Dimension so zunächst auf der Ebene der sprachlichen Übersetzungen. Beim Übersetzen von Reden und Interviews werden deutsche Begriffe ins Arabische übertragen. Wenn die Begriffe kein direktes Äquivalent in der anderen Sprache haben, müssen sie umschrieben werden, wobei immer der jeweilige Kontext mitbedacht werden muss. Doch geht die Vergleichspraxis der Korrespondenten weit über diesen, der sprachlichen Übersetzung immanenten Vergleich hinaus: Wenn die Korrespondenten in ihrer Arbeitspraxis das deutsche Wahlsystem erklären, politische Vorgänge und Debatten erläutern sowie über kulturelle Spezifika berichten, übersetzen sie Ereignisse und Denkstrukturen in einen anderen Kontext, ähnlich der ethnologischen Praxis. Welche Relevanz bestimmte Themen „hier" und „dort" haben, muss dabei immer reflektiert werden. Der Vergleich ist dabei immer ein Teil des "observational substratum" (Nader 1984: 89), das heißt der Beobachtung immanent. In der Arbeit der

Korrespondenten spielt allerdings nicht nur das komparative Bewusstsein in Hinblick auf die unterschiedlichen kulturellen Kontexte eine Rolle, sondern auch in Hinblick auf die Praxis der anderen Nachrichtensender. Worüber berichten *CNN* und *BBC*, was macht *Al-Arabiyya* und wie wird in den anderen *Al-Jazeera*-Büros gearbeitet? Die Korrespondenten müssen ihre eigene Nachrichtenpraxis ständig mit der Berichterstattung anderer Sender vergleichen.[200] Ihre Vergleichspraxis ist so nicht nur in einem interkulturellen, sondern auch in einem internationalen professionellen Kontext zu verorten. Nicht nur die arabischsprachigen Zuschauer werden als Empfänger berücksichtigt, sondern auch ein Kreis internationaler Medienschaffender – und nicht zuletzt auch Teile der Weltöffentlichkeit.

Komparatives Bewusstsein in der journalistischen Praxis der *Al-Jazeera*-Korrespondenten ist eine Form des sich zwischen den Kontexten bewegen. Es beinhaltet nicht nur die Frage nach dem, was dort interessant ist oder direkte sprachliche Übersetzungen, noch bedeutet es einen ständigen Vergleich zwischen der Situation, dem kulturellen Kontext hier und dort. Vielmehr bezeichnet der Term eine Form des gleitenden Bewusstseins für die multiplen Kontexte, bzw. den Implikationen von Themen und Aussagen in ihnen. Als komparatives Bewusstsein im Rahmen dieser Arbeit definiere ich einen spezifisch komparativen Blick, der als Norm in der Praxis fungiert und den Modus der Wissensproduktion entscheidend bestimmt.

Deutlich wird hier, dass zwischen journalistischer und ethnologischer Wissensproduktion Parallelen bestehen. In der ethnologischen Wissensproduktion wird komparatives Bewusstsein generiert und akademisch fruchtbar gemacht, der journalistischen ist es aber ebenfalls als unbenannter Modus immanent, so meine These. Während sich in der Ethnologie, wie oben erläutert, aufgrund theoretischer Reflexionen der Schritt weg vom Vergleich kultureller Entitäten hin zur Untersuchung von vielfältigen Verflechtungen vollzog, ist der journalistischen Praxis der Übersetzung keine streng theoretische Reflexion vorgängig. Zwar wird die eigene Praxis durchaus reflektiert und beispielsweise als Einflussfaktor der Wissensproduktion das Interesse des Zielpublikums klar benannt. Allerdings zielt das komparative Bewusstsein der Korrespondenten nicht primär darauf ab, Ähnlichkeiten und Übereinstimmungen sichtbar zu

200 Einmal geht es dabei schlicht um Schnelligkeit in der Berichterstattung, die von großer Bedeutung ist, konkurriert doch der Sender auf dem internationalen Nachrichtenmarkt. Darüber hinaus müssen sich die Korrespondenten aber auch innerhalb der *Al-Jazeera*-Belegschaft profilieren. Die Nachrichtenproduktion ist auf dieser Ebene ein höchst komparatives und kompetitives Unterfangen (vgl. 5.1).

machen – wie es Laura Nader als Imperativ des komparativen Bewusstseins formuliert (Nader 1994: 92). Und doch zeigt sich im einleitenden Beispiel, dass Aktham Suliman sein komparatives Bewusstsein durchaus in diesem Nader'schen Sinne gebraucht. Indem er die Position der katholischen Kirche darstellt, benutzt er im Beitrag die Methode des impliziten Vergleichs mit dem Ziel, die Ähnlichkeiten zum Islam in den Blick zu rücken.

7.3 Vermittlerethik

Besonders in der Übersetzung konfliktbeladener Themen oder Szenarien wird die ethische Dimension der Übersetzung deutlich.[201] Am Beispiel des Beitrags über Homosexualität wurde Aktham Sulimans Ethos der Vermittlung bereits sichtbar. Er versucht dem Fernsehpublikum von *Al-Jazeera* den Umgang mit Homosexualität in Deutschland möglichst „objektiv", das heißt hier wertfrei, zu beschreiben – was durchaus nicht selbstverständlich ist. Indem er bestimmte Leute sprechen lässt, die gegen die Vorurteile arbeiten, wie den Sexualwissenschaftler, und er gleichzeitig, wie er sagt, „distanziert", mit „Rücksicht auf alle Seiten" berichtet, nimmt er eindeutig eine vermittelnde Position ein – womit er den Ethikkodex des Senders geradezu vorbildlich umsetzt. Auch bei anderen konfliktbeladenen Themen vertritt er diese Haltung.

Bei der Debatte um die Mohammed-Karikaturen haben wir ja gesehen, dass der Westen nie verstanden hatte, warum es uns so beleidigt. Und genauso haben sie nicht verstanden, warum der Westen die Beleidigung von Propheten und Heiligtümern als Pressefreiheit versteht. Und so haben sie die ganze Zeit aneinander vorbei geredet. Wenn wir die Rolle vom Auslandskorrespondenten nehmen, für mich waren beide Seiten sehr klar, nur wie man die zueinander bringt, das ist was anderes. Die Seite der Muslime ist für mich klar, das ist mein kultureller Hintergrund, und wie

[201] Es müssen allerdings nicht immer die großen aufgeladenen Themen sein, in denen sich Vermittlungsbestrebungen ausdrücken. So formulierte Husam Chadat: „In jedem kleinen Beitrag, den wir von hier machen, für den normalen Bürger, der so weit weg ist von Deutschland, der gar nichts von Deutschland weiß, ist Information... der weiß jetzt, wer ist Merkel, was ist die CDU und SPD und weiß etwas über die Gesellschaft, warum bringen sie nicht so viele Kinder auf die Welt, warum gibt's Rechtsradikale dort. In jedem Beitrag steckt auch Information über das Land, wir vermitteln Kultur. Wenn ich nach Holland gehe, mache ich [Beiträge] über Fahrräder und Blumen und Hausboote, dann erfährt man ein paar Informationen über diese Gesellschaft. Deswegen wir tragen eine große Verantwortung, dass wir richtig vermitteln." (Interview mit Husam Chadat am 20.07.2006)

man hier darüber denkt und wie man lebt auch, das ist mein anderer kultureller Hintergrund,[202]

so Aktham Suliman im Gespräch über die unterschiedlichen kulturellen Konstrukte, die seine Perspektive rahmen. Der Korrespondent betont das Verständnis für beide Seiten sowie für das beiderseitige Missverstehen, über das er aufgrund seiner beiden kulturellen Hintergründe verfüge. Anschaulich wird das beispielsweise indem er sowohl im „wir" als auch „sie" spricht.
Seine Einschätzung des Konflikts verdeutlicht sein professionelles Selbstverständnis als *cross-cultural* Analyst und Vermittler, dem beide Seiten klar sind, wobei auch er keine Lösungen für die Diskrepanz der Sichtweisen anzubieten weiß. Diese Rolle nimmt er auch bei seinen Medienauftritten im deutschen Fernsehen während des Karikaturenstreits ein.[203] Zwar fällt dieses Beispiel im engeren Sinne nicht in seine Berichterstattungspraxis, verdeutlicht aber auch, dass sich die eingenommene Vermittlerrolle Aktham Sulimans nicht auf seine professionelle Tätigkeit bei *Al-Jazeera* beschränkt. Bei seinem Auftritt in *Spiegel TV* versucht er die Reaktionen auf die Karikaturen in Syrien und dem Libanon zu erklären und andere Lesarten des Konflikts anzubieten. Anstatt, wie von ihm gefordert, eine normative Position zu Mohammed-Abbildungen einzunehmen, lenkt er die Fragen um und versucht seine Botschaft stark zu machen, nämlich den Blick auch auf Defizite des Westens zu lenken.[204] In diesem konfliktbeladenen Szenario der Diskussionen um die Mohammed-Karikaturen zeigt sich seine Vermittlerrolle in besonderem Maß. Die Vermittlungsrichtung ist hier von der arabischen Welt in die deutsche Öffentlichkeit.
Ein Beispiel aus der Berichterstattung des Pariser Büros von *Al-Jazeera* macht eine andere Form der angestrebten Vermittlung deutlich. Michel al-Kik erzählt mir:

Vor zwei Jahren gab es beispielsweise die Kopftuchdebatte in Frankreich. Per Gesetz wurden dann alle religiösen Zeichen verboten. Wir haben das Thema behandelt. Aus der Perspektive von hier und auch aus der Außen-

[202] Interview mit Aktham Suliman am 03.07.2006.

[203] Aktham Suliman war zur *Spiegel Thema* Sendung mit dem Titel „Der heilige Hass: Zwölf Mohammed Karikaturen erschüttern die Welt" am 06.02.2006 auf *XXP* eingeladen, er war zudem Gast bei der *Phoenix* Podiumsdiskussion „Feindbild Orient – Feindbild Westen" und wurde unter anderem von *T-Online* und der *TAZ* interviewt („Mich stört die Respektlosigkeit", *TAZ*, 02.02.2006).

[204] Diesen Auftritt habe ich an anderer Stelle (Jurkiewicz 2006) genauer analysiert und die ihm zugeschriebene Rolle als „der Araber" und seine eingenommene Vermittlerrolle gegenübergestellt.

perspektive, das heißt wie unsere Zuschauer, auch die Muslime in Frankreich, das sehen. Denn sie haben nicht verstanden, warum das Kopftuch verboten wird. Wir haben versucht ihnen zu zeigen, dass es sich nicht um ein Verbot des Kopftuchs handelt, sondern aller religiösen Zeichen, auch der jüdische Kippa und dem christlichen Kreuz, weil das hier ein laizistisches Land ist. Wir haben also versucht, die Realität so zu zeigen, wie sie ist. Manchmal wird das aus der Außenperspektive schlecht aufgefasst und verstanden.[205]

Der Pariser Büroleiter beschreibt hier seine Übersetzungsrichtung von der französischen Innenperspektive in die arabisch-muslimische Außenperspektive. Dabei betont er, dass beide Seiten und Perspektiven dargestellt wurden.[206] Er präsentiert sich als jemand, der die französische Perspektive besser versteht und beschreibt es als sein Vermittlungsziel, das französische Gesetz den Zuschauern richtig zu erklären. Denn, so Michel al-Kik, aus der Außenperspektive würde das Gesetz nicht richtig verstanden werden – womit er den Muslimen (insbesondere denen in Frankreich) eine defizitäre Perspektive zuschreibt. Hier wird deutlich, dass sich *Al-Jazeera*-Korrespondenten durchaus auch als Vermittler innerhalb des lokalen Kontexts, zwischen den vor Ort lebenden Arabern und Muslimen und der lokalen Gesellschaft verstehen können und nicht nur zwischen Europa/Frankreich und der arabischen Welt. Das verweist wiederum auf die spezifische Rolle des Pariser *Al-Jazeera*-Büros in Frankreich und dessen Differenzen zur Rolle des Berliner Büros.

Sowohl Michel al-Kik als auch Aktham Suliman versuchen in den konfliktbeladenen Feldern von Karikaturenstreit und Kopftuchverbot zu vermitteln, allerdings ist diese Vermittlung unterschiedlich ausgerichtet. Während Aktham Suliman im Karikaturenstreit in erster Linie versucht, der deutschen Öffentlichkeit die Reaktionen in der arabischen Welt zu vermitteln, versucht Michel al-Kik im Kopftuchstreit der arabischen und muslimischen Welt (inner- und außerhalb Frankreichs) die französische Perspektive zu vermitteln. Aktham Suliman präsentiert sich, wie Michel al-Kik, als derjenige, der beide Seiten besser versteht und für beide Verständnis aufbringen kann; wobei Michel al-Kik sein Verständnis für die französische Perspektive – und seine

[205] Interview mit Michel al-Kik am 06.05.2006.

[206] Hier kommt wiederum das *Al-Jazeera* Logo „die eine Meinung und die andere Meinung" zum Ausdruck. Vgl. 4.2.

lokale Kompetenz – herausstellt, Aktham Suliman dagegen sein Verständnis für beide Seiten betont.

Die Beispiele stehen zudem exemplarisch für die Haltung der beiden Korrespondenten. Michel al-Kiks Ziel ist hier, überspitzt ausgedrückt, die Vermittlung „französischer" Werte an Araber und Muslime, insbesondere in Frankreich. Diese Perspektive versucht er als die Richtige zu vermitteln. Mit dem Argument, dass es nicht in erster Linie ein Verbot des Kopftuchs war, sondern ein Verbot aller religiöser Zeichen, gibt Michel al-Kik die offizielle Version wieder, die allerdings auch von Kritikern des Verbots in Frankreich angezweifelt wurde. Wenn er es als sein Ziel beschreibt „die Realität so zu zeigen, wie sie ist", zeugt das von einem relativ ungebrochenen Objektivitätsverständnis in der Nachrichtenproduktion. Aktham Sulimans vertritt dagegen innerhalb der Medienauftritte in Deutschland – ob intendiert oder nicht – die Stimme „der Araber" und versucht auf die Defizite des Westens hinzuweisen. Hier wird sichtbar, dass sowohl die politischen Kontexte als auch die politischen Haltungen der Korrespondenten die Übersetzungspraxis beeinflussen und die Vermittlungsbestreben der einzelnen Korrespondenten durchaus unterschiedlich ausgerichtet sein können.

Die aufgezeigte Differenz ist aber auch darin begründet, dass sich ihre Vermittlungsbemühungen an unterschiedliche Adressaten richten: einmal an die deutsche Öffentlichkeit, das andere Mal an das Publikum von *Al-Jazeera*. Allerdings nimmt Michel al-Kik in der französischen Öffentlichkeit (im engen Sinne von französischsprachigen Medien) keine Vermittlerrolle wie Aktham Suliman ein, was unter anderem auch daran liegt, dass es andere Vermittler in Frankreich gibt.[207] Die unterschiedlichen Positionen der Korrespondenten verdeutlichen wiederum, dass der unterschiedliche lokale Kontext die Vermittlungsmöglichkeiten mitstrukturiert.

7.4 Grenzen der Übersetzung

Manchmal wird der Spagat zur Wackelturnübung. Als Schröders Regierung die Homo-Ehe absegnet, schwieg der Korrespondent. Dieses Thema hätte die Araber schon genug verstört, glaubt er. „Bevor ich die Hinter-

[207] Vgl. 2.3.

gründe erklärt hätte, hätte ich schon verloren gehabt." (Angelika Hellemann, Die Welt)[208]

Ich möchte im Folgenden auf das kontroverse Feld von Homosexualität zurückkommen, um nach den Grenzen der Übersetzung zu fragen. Über dieses Thema wurde sowohl im Berliner Büro als auch im Pariser Büro ein Beitrag produziert, wobei beide nicht gesendet wurden. Das Material für dieses letzte Unterkapitel bilden ausschließlich die Aussagen der Korrespondenten über ihre (Nicht-)Berichterstattung. Im Fokus der Analyse soll stehen, wie sie diese Ablehnung der Beiträge und die Problematik in der Übersetzung des Themas erklären. Denn in diesen Argumentationen der Korrespondenten lässt sich viel über ihr professionelles (Übersetzungs-)Ethos herauslesen. In einem ersten Schritt sollen anhand der Argumente von Aktham Suliman und Ayache Daraji gegen eine Berichterstattung über dieses Thema Produktverständnis und Übersetzungsethos der Korrespondenten beleuchtet werden.[209] Abschließend frage ich nach der Einschätzung der Korrespondenten ihrer eigenen Spielräume.

Grenzen I

„Es gibt Dinge, die einfach nur missverstanden werden können." So begründet Aktham Suliman im Gespräch mit mir, dass er nicht über die Ehe zwischen gleichgeschlechtlichen Partnern berichte. Entscheidend wäre nicht, ob solche Themen willkommen wären oder nicht, so Aktham Suliman, Nachrichten seien schließlich auch nicht immer willkommen. Aber um das zu erklären, da bräuchte er mindestens fünfzehn Minuten. Zum einen sei aber fragwürdig, ob für so ein Thema genügend Sendeplatz vorhanden sei. Zum anderen bezweifle er, dass er es selbst in zwei Stunden erklären könnte. Und darüber hinaus frage er sich, ob aus der Sicht der Zuschauer das Thema wirklich so relevant sei.[210]

---

208 „Deutschlands Stimme in Nahost". *Die Welt*, 26.02.2003.

209 Zur besseren Abgrenzung des nacherzählten Gesprächs habe ich ersteres formal von meiner Interpretation abgegrenzt. Da es sich bei dem Material nicht um aufgezeichnete Interviews, sondern Gesprächsmitschriften handelt, gibt es hier eine Mischung von direkten Zitaten und indirekter Rede.

210 Die Gespräche mit Aktham Suliman (am 21. und 31.03.2006) fanden vor der Anfrage für den Beitrag statt, die Reihenfolge im Text ist aus dem Aufbau des Kapitels begründet. Es geht mir nicht darum, die Widersprüche in seiner Praxis aufzuzeigen, sondern den Umgang mit den Anforderungen des Senders sichtbar zu machen.

Statt die Gefahr einzugehen, Vorurteile zu verstärken, zieht Aktham Suliman es also vor, erst gar nicht über dieses Thema zu berichten. Das verweist darauf, dass auch das Nicht-Berichterstatten Ausdruck der Vermittlerethik der Korrespondenten sein kann.[211] In dieser Aussage formuliert er sein professionelles Übersetzungsethos indirekt: keine (unnötigen) Missverständnisse zu produzieren. Er grenzt sich aber davon ab, nur über Themen zu berichten, die den Erwartungen der Zuschauer entsprechen; da dies bei Nachrichten nicht möglich wäre. Diese Auffassung würde zudem gegen die professionelle Ethik des Journalismus' verstoßen, so meine Interpretation.

Aktham Suliman begründet seine Nicht-Berichterstattung hier mit den zeitlichen Vorgaben und dem Medium selbst: Er benötige mehr Zeit, um die Kontexte eines solchen Themas zu erklären. Damit sagt er indirekt, dass das Medium, mit seinem ihm zu eigenen Format (der zweieinhalb Minuten) nicht für solch eine Form der kulturellen Übersetzung geeignet ist. Daraus kann man schließen, dass in seinem Verständnis dieses Medium nur bestimmte Formen der Wissensvermittlung erlaube, im Sinne des McLuhan'schen „Das Medium ist die Botschaft" ([1964]1998). Desweiteren argumentiert er mit der zu geringen Relevanz des Themas, weswegen ihm nicht der nötige Sendeplatz eingeräumt werde – wobei er aus der Newsperspektive spricht, in der die großen tagespolitischen Ereignisse vorrangig sind, so meine Lesart.[212] Darüber hinaus erklärt er die Nicht-Berichterstattung mit den Interessen der Zuschauer: aus der dortigen Perspektive sei das Thema nicht so relevant wie aus der hiesigen[213] – womit er auf den kulturellen Kontext verweist. Hier zeigt sich wiederum seine komparative Perspektive. Aktham Suliman sieht die Grenzen der Übersetzung nicht nur im Medium mit seinem spezifischen Format, sondern auch in der kulturellen Differenz. Letzten Endes bezweifelt er sogar,

---

211 Siehe zum Themenfeld der Nicht-Thematisierung in den Medien wie anderen gesellschaftlichen Bereichen: Edwin Czerwick, 1990.

212 Als Beitrag über ein neues Gesetz wäre so ein Bericht allerdings im Newsformat anzusiedeln.

213 An anderer Stelle erklärt er dies folgendermaßen: „Warum will ein deutscher Journalist in Syrien manchmal einen Beitrag machen über Schwule in Syrien, wenn er dort Korrespondent ist? Weil er aus einem Büro kommt, in dem diese Thematik der Homosexualität sehr betont wird. Ich hätte gesagt: ‚Mach etwas über die Probleme der Heteros in Syrien.' Ist ja eh die Mehrheit." (Aktham Suliman). Er sagt hiermit, dass auch deutsche Auslandskorrespondenten durch ihren kulturellen Rahmen bedingt das Ausland wahrnehmen. Sein professionelles Ethos zeigt sich hier darin, dass er es für wichtig hält, die eigenen Interessen und seinen kulturellen Rahmen mit zu reflektierten und in seiner Abgrenzung von Korrespondenten, „die richtig irgendwohin geschickt werden". (Interview mit Aktham Suliman am 31.03. 2006)

dass diese in einem anderen Format (zwei Stunden) überhaupt zu vermitteln sei.
Als ich im Interview den Pariser Korrespondenten Ayache Daraji auf die Probleme der Berichterstattung über Homosexualität anspreche, plädiert auch dieser dagegen, allerdings argumentiert er anders:

„Ich kann keine Sache verkaufen, wenn sie nicht akzeptiert ist! [...] Ich bin Journalist und ich bin professionell", erklärt Ayache Daraji und begründet dies mit „wir sind eine Welt für uns (on est un monde à part)", die andere Themen habe und das Thema Homosexualität nicht beträfe. Als Beispiel dafür gibt er an, dass man in Marokko ja auch nichts mit Schlitten anfangen könne. In der Welt des Südens habe man eine andere Weise zu denken, man könne ihnen nichts aufzwingen. Nicht alle haben die gleichen Werte und jeder lebe in seinem spezifischen Kontext. Als ich im Gespräch nachfrage, ob man denn Berichte über Homosexualität mit Schlitten vergleichen könne und dass es ja nicht darum gehe etwas aufzuerlegen, sondern über eine Diskussion, ein Thema in einem Land zu berichten, entgegnet er: „Danach gibt es kein Bedürfnis." Aber ob es denn um Bedürfnis gehe dabei, man habe doch auch kein Bedürfnis danach sterbende Menschen zu sehen, hake ich nach. Sie sind bei uns gestorben, entgegnet er vehement, und es gäbe auch ein Bedürfnis danach das Unglück und das Leid zu sehen. Bedürfnisse, Werte und Ethik, das seien die entscheidenden Dinge, die zivilisatorischen Besonderheiten.[214]

In diesem Ausschnitt aus meinen Feldforschungsnotizen zeigt sich ein weiteres Verständnis journalistischen Wissens: als ein zu verkaufendes Produkt auf dem Nachrichtenmarkt. Seine Professionalität sieht Ayache Daraji darin begründet, dass er den Markt, die Zuschauerinteressen für die Nachrichten immer mit beachtet. Sein professionelles Selbstverständnis zeugt hier von einer Selbsteinschätzung als Verkäufer von Nachrichten. Nachrichten müssten etwas sein, wonach die Zuschauer „Bedürfnis" hätten, wobei er Bedürfnisse als „zivilisatorische Besonderheiten" (also kulturelle Spezifika) versteht, wie eben auch „Werte" und „Ethik". Dieses Zuschauerinteresse beziehe sich auf die Themen, die sie betreffen. Schlitten und Homosexualität gleichzusetzen, erscheint hier eher als provokative Form des Vergleichs. In diesem Beispiel

[214] Das (nicht aufgenommene) Interview mit Ayache Daraji fand am 04.05.2006 statt.

argumentiert er mit einem naturalisierten und essenzialistischen Kulturbegriff. Er wehrt den „Import" von sozialen Phänomenen ab, indem er diese mit anderen Produkten gleichsetzt, die objektiv in einem anderen Kontext keine Benutzung finden. Die Vehemenz seiner Reaktion zeigt, dass dieses Thema stark emotional besetzt ist.

Formulierte man aus diesen Aussagen der beiden Korrespondenten normative Maßstäbe, so wären diese: Man muss die Interessen des Publikums mit reflektieren und darf nicht nur von dem ausgehen, was vor Ort Thema ist. Zur Professionalität im Nachrichtenbusiness gehört es, den Zuschauern nur Themen zu präsentieren, die sie aus ihrem kulturellen Kontext heraus verstehen können und „auf die sie Lust haben". Wobei Ayache Daraji stärker als Aktham Suliman die Marktförmigkeit des Nachrichtenprodukts betont. Beide Maßstäbe lassen sich so im Ethikkodex *Al-Jazeeras* nicht finden. Im dritten Paragraph des Kodex wird lediglich gefordert, das Publikum mit Respekt zu behandeln, was eine bestimmte Reflexion derer Sensibilitäten mit einschließt, und die Anerkennung von Vielfalt und dessen unparteiische Darstellung ist in Paragraph sechs ebenfalls enthalten. Die von den Korrespondenten formulierten Maßstäbe reflektieren so vor allem die Anforderungen des internationalen Nachrichtenbusiness.

In Ayache Darajis Darstellung sind die Grenzen der Übersetzung enger gesteckt als für Aktham Suliman. Während dieser von der Relevanz eines Themas spricht, stellt Ayache Daraji die Akzeptanz in den Vordergrund. Für Aktham Suliman beeinträchtigt zunächst das Format, dann aber auch die kulturelle Differenz die Übersetzbarkeit, dagegen setzt Ayache Daraji die Differenz absoluter. Die von den beiden Korrespondenten formulierte Skepsis respektive Ablehnung der Vermittelbarkeit der Thematik, teilte Michel al-Kik zumindest vor einiger Zeit noch nicht. Als das Thema der „Pacs"[215] in Frankreich öffentlich diskutiert wurde, so erzählt er, habe er einen Beitrag („eine Sozialreportage", wie er es nennt) produziert, „so wie ich versucht habe über alle großen Ereignisse Reportagen zu machen"[216]. Dieser Beitrag war für die Nachrichtensendung bestimmt, aber Michel al-Kik wartete vergebens auf dessen Ausstrahlung. Er wurde aufgrund von Bildern homosexueller Paare auf der *Gay-Parade* nicht gezeigt, wie er auf seine Nachfrage hin erfuhr. Die Zentrale beziehungsweise die Vorgesetzten in Katar lehnten die Ausstrahlung

[215] Vom französischen Staat anerkannte Lebensgemeinschaft zweier nicht verheirateter Partner(innen).

[216] Interview mit Michel al-Kik am 06.05.2006.

des Beitrags ab. Nach dieser Erfahrung, erklärt er, dass man über solche Themen eben nicht berichten dürfe:

Gleichgeschlechtliche Partnerschaft, Schwule, Homosexualität, das sind Tabuthemen. Es gibt solche Dinge, die die Religion betreffen. Man darf nicht davon sprechen, weil das ist eine Mentalitätsgeschichte, es bleibt die Mentalität vom Golf.[217]

Die kulturellen Standards der Region (Michel al-Kik bezieht sich spezifischer auf die Golfregion, in der sich die *Al-Jazeera* Zentrale befindet) bestimmen hiernach also maßgeblich, was gesendet wird und was nicht. – Auf den Ethikkodex des Senders bezogen, ist dies ein eher restriktives Verständnis des dritten Paragraphs ("Treat our audiences with due to respect…"). – Neben den Grenzen des Formats, des kulturellen Kontexts und der Marktförmigkeit spielen in der Arbeitspraxis der Korrespondenten aber vor allem auch ihre Vorgesetzten am *foreign desk* beziehungsweise die Redakteure der jeweiligen Sendungen eine entscheidende Rolle bei der Auswahl der Beiträge. Wie die Korrespondenten deren Erwartungen antizipieren, aber auch ihre eigenen Freiräume einschätzen, das möchte ich abschließend kurz beleuchten.

Grenzen II

Eine Größe, die den Blick beeinflusst, das sind natürlich die Vorgesetzten. Wer sagt, das gibt es nicht, ist ein Lügner. Leider ist es ein reelles System, das etwas von einem erwartet und das auch zum Ausdruck bringt. Zumindest um Streit zu vermeiden, berücksichtigt man das auch. […]Die Vorgesetzten kennt man natürlich, man kennt ihre Vorlieben. Man kann Widerstand leisten hier und da..., aber irgendwann macht man seine Kompromisse. Man arbeitet ja auch nicht für sich, das ist ja nicht mein eigener Sender. Ich bin ein Teil mit meiner Meinung und meinen Ansichten, und meine Ansichten sind ein Teil davon. (Aktham Suliman)[218]

Neben den eher diffusen Ansprüchen des Publikums werden auch von den Vorgesetzten konkrete Erwartungen an die Korrespondenten herangetragen.

[217] Ebd.

[218] Interview mit Aktham Suliman am 03.07.2006.

Diese beeinflussen den Blick des Korrespondenten, so Aktham Suliman. Wie sich aus seiner Beschreibung schließen lässt, verändert sich der Umgang mit diesen Erwartungen mit der eigenen Berufserfahrung. Aktham Suliman beschreibt es als Weg vom Widerstand zum Kompromiss. Die Korrespondenten lernen in der Praxis mit diesen Anforderungen umzugehen und entwickeln Strategien sowie eine gewisse Gelassenheit, so lese ich es aus dem Zitat heraus. Diese Gelassenheit drückt sich auch in der Beschreibung der eigenen Rolle im Sender aus. Aktham Suliman distanziert sich vom Sender („man arbeitet ja nicht für sich") und beschreibt gleichzeitig seine Meinung als einen Teil des Selbstverständnisses *Al-Jazeeras*. Die weist auf eine eher pragmatische Einschätzung des eigenen Spielraums hin. Die seine Praxis strukturierenden Erwartungen und Anforderungen von außen benennt der Journalist deutlich. Als ich Ayache Daraji frage, wie groß denn der Spielraum sei, ob viel gefordert werde und wie viel freie Hand ihnen gelassen wird, entgegnet dieser:

Wir sind vor Ort. Wir decken Ereignisse ab und versenden [die Beiträge]. Wir arbeiten nicht für sondern mit Al-Jazeera. Wir sind ja keine Sklaven. Natürlich arbeiten wir für den Sender, aber nicht in dem Sinne. Jeder soll sich als Teil von Al-Jazeera fühlen.[219]

In dieser Selbsteinschätzung betont der Journalist seine Unabhängigkeit in seiner Arbeit für *Al-Jazeera*. Da nur sie als Korrespondenten vor Ort sind, haben sie dort auch gewisse Spielräume – eine ähnliche Einschätzung formuliert auch Michel al-Kik (vgl. 5.4). Ayache Daraji begreift den Sender weniger als Anforderungen formulierende Institution denn als Rahmen für die eigene Arbeit. Dabei betont er die Identifikation mit dem Sender – erst aus dieser heraus, so scheint es, wird das „für" und „mit" dem Sender arbeiten austauschbar.

7.5 Zusammenfassung: Grenzen und Spielräume

For Foucault ethical practice requires not simply repertoire of technologies but also an "open territory", a social terrain in which a considered freedom might actually be exercised. (Faubion 2001: 88)

[219] Feldforschungsnotizen vom 04.05.2006.

In diesem Kapitel wurde deutlich, wie die Übersetzung der *Al-Jazeera*-Journalisten durch ähnliche Faktoren bestimmt werden, wie es Talal Asad im Zitat in der Kapiteleinleitung für die Ethnologie treffend beschreibt: den Konventionen der Repräsentationen, die ihre „Disziplin“ (Fernsehjournalismus), die „Institutionen“ (der Sender bzw. die Vorgesetzten/Redakteure) und die „übrige Gesellschaft“ (allgemein die kulturellen Standards) bereits definiert haben. Wobei diese jeweils durchaus unterschiedlich konstituiert sind.
Aber auch der journalistische und der ethnologische Modus der Übersetzung weisen Ähnlichkeiten auf. Ich habe so den komparativen Blick der Korrespondenten als Teil ihrer professionellen Ausbildung und Praxis beschrieben. Dieser Blick ermöglicht es ihnen, neben der sprachlichen Übersetzung auch einen Filter der Relevanzen entsprechend der antizipierten Zuschauererwartung zu entwickeln. Darüber hinaus benutzen sie das komparative Bewusstsein aber auch dazu, inhaltliche Ähnlichkeiten in den Blick zu rücken und Vermittlung – im Sinne von Verstehen und nicht als reines Fakten übermitteln – zu praktizieren. Diese Vermittlungsethik ist strukturierender Bestandteil der Arbeitspraxis der Korrespondenten, und sie vertreten darin den Anspruch, kulturelle Konflikte zu entschärfen. Gerade aufgrund ihrer kulturellen Kompetenzen als "Bothies", so meine These, entwickeln sie diesen Vermittlungsanspruch. Insbesondere Aktham Suliman verkörpert meines Erachtens dieses Ethos der Vermittlung.
An den Beispielen in diesem Kapitel zeigt sich, dass im sozialen Feld, in dem die *Al-Jazeera* Journalisten arbeiten, Ethik als reflexive Praxis der Freiheit nur in bestimmten Grenzen ausgeübt werden kann. Themenwahl und Art der Berichterstattung werden durch das Medium und seine Formate, durch die Anforderungen und Vorstellungen der Zentrale sowie durch regionale kulturelle Standards bestimmt, was sich im Extremfall in der Zensur des gesamten Beitrages ausdrückt. Dennoch besteht auch ein gewisser Spielraum, der den Korrespondenten die Möglichkeit gibt, ihre persönliche Vermittlerethik zu praktizieren und ihr komparatives Bewusstsein in diesem Sinne fruchtbar zu machen.

8 Schlussbetrachtung

In Anlehnung an Rabinows Untersuchung von Wissenschaft als ethischer Praxis, in der die Repräsentationen von Wissenschaft als Beruf und Praxis im Mittelpunkt stehen, habe ich in meiner Arbeit Journalismus auf seine ethischen Dimensionen hin analysiert. Entgegen gängiger medienkritischer Betrachtungen zeigte sich, dass die professionelle Ethik des Journalismus' im Selbstverständnis und in der Praxis der Journalisten durchaus von Bedeutung ist. Dabei bilden die Werte, die in den internationalen Ethikkodizes sowie im *Al-Jazeera*-Kodex festgeschriebenen sind, nur einen Aspekt. Daneben haben das politisch aufgeladene Ethos des Senders, das normative Umfeld sowie die ethische Haltung des einzelnen Journalisten wesentlichen Einfluss auf die journalistische Praxis und die Produktion von News. Diese unterschiedlichen normativen Dimensionen bilden keineswegs ein kohärentes ethisches Feld, vielmehr konkurrieren in der Praxis unterschiedliche Wertvorstellungen. Wie ich herausgearbeitet habe, sind die in der Arbeit beschriebenen normativen Dimensionen im journalistischen Alltag teilweise konflikthaft aufeinander bezogen. Professionalität im Arbeitsalltag der Korrespondenten bedeutet dabei, durch einen immer wieder neuen Aushandlungsprozess, Ausgleich zwischen unterschiedlichen Ansprüchen zu erreichen.

Am Beispiel der Berichterstattung von *Al-Jazeera* über die arabischsprachige Community zeigte sich zum einen wie normative Elemente die journalistische Praxis beeinflussen und zum anderen die sich aus ihrem Konkurrenzverhältnis ergebenden Spannungen: Aufgrund des offiziellen Ethos' des Senders – im Falle *Al-Jazeeras* insbesondere das postulierte Sprechen für „die Araber" beziehungsweise für subalterne Positionen allgemein sowie die proklamierte politische Korrektheit – gewähren zumindest Teile der arabischsprachigen Community den Journalisten einen „moralischer Vorschuss", der ihnen spezifische Zugänge eröffnet. Gleichzeitig werden daraus aber Repräsentanzansprüche seitens der Community abgeleitet, mit denen die Korrespondenten umgehen müssen. Die Journalisten nutzen die Zugänge pragmatisch, erfüllen aber die an sie gerichteten Erwartungen nur partiell. In der Arbeitspraxis sind vor allem die journalistischen Professionalitätsansprüche nach Schnelligkeit und Effizienz als praxisbestimmende Faktoren wirksam, auch wenn diese dem Ethos von *Al-Jazeera* entgegenstehen können.[220]

Neben dem Ethos des Senders und dem normativen Umfeld beeinflusst aber auch die individuelle professionelle Ethik der Journalisten die Praxis der Berichterstattung. In den von Journalisten geäußerten Repräsentationen ihrer beruflichen Arbeit zeigten sich unterschiedliche normative Maßstäbe für ihre professionelle Praxis. In diesem Sinne bildet Aktham Sulimans Motto „Subjektivität professionell austragen" einen Aspekt seiner praktischen Ethik. Michel al-Kik formuliert als leitendes Prinzip seiner Arbeit, Glaubwürdigkeit durch Ausgeglichenheit herzustellen. Und Ayache Daraji wiederum sieht Professionalität darin begründet, den Markt und die Zuschauerinteressen zu bedienen. Diese geäußerten Richtlinien für die eigene Praxis sind Spielarten des professionellen Ethos', welche die Berichterstattung leiten und den Stil der Journalisten ausmachen. Das Material meiner Arbeit verweist zudem darauf, dass die Kontexte, in denen die Journalisten ihre professionelle Ausbildung erfahren haben, ihre praktischen Ethikkonzepte mitbestimmen. So zeigte sich beispielsweise in der Art von Aktham Sulimans Reflexion über die kulturell geprägte Wahrnehmung sein universitärer Hintergrund (vgl. seine Reflexion über den „kulturellen Rahmen", S. 80f.).

Das praxisleitende Ethos der Journalisten wird aber nicht nur von Repräsentationen professioneller Ethik sondern auch von deren Selbstwahrnehmung als Vermittler bestimmt. Im Falle der *Al-Jazeera*-Journalisten ist diese Selbstwahrnehmung besonders ausgeprägt. Sie begreifen sich in ihrer Tätigkeit als Auslandskorrespondenten als Übersetzer, die aufgrund ihrer besonderen kulturellen Kompetenzen „beide Seiten" verstehen. In der Betrachtung von Journalismus als Übersetzungspraxis hat sich gezeigt, dass sich gegenüber den Anforderungen der Senderzentrale und des Formats Spielräume ergeben, die von den Journalisten in unterschiedlichem Maß zur kulturellen Vermittlung genutzt werden.

[220] Das Verhältnis zur arabischsprachigen Community wird darüber hinaus auch von der sozialen und politischen Verortung der einzelnen Journalisten bestimmt. Ihre Loyalität mit marginalisierten arabischen Migranten in der eigenen Gesellschaft ist durchaus ambivalent – wie es sich an Michel al-Kiks Positionen zur Immigration andeutete und in Ayache Darajis Statements zu den Jugendlichen in den Pariser Banlieues unverkennbar zeigte.

Ausblick

Die bisherige Arbeit ließe sich entlang unterschiedlicher Perspektiven ergänzen und verdichten. So wäre ein Forschungsansatz, der den Einfluss der lokalen sozialen Position von Journalisten auf die Wissensproduktion und das Produkt stärker berücksichtigt, sicherlich produktiv. Daneben wäre aber auch eine breitere komparative Forschung denkbar, die Auslandskorrespondenten westlicher Medienanstalten als Vergleichsgröße heranzieht und so zu einer differenzierteren Einschätzung über den Einfluss der institutionellen und lokalen Kontexte auf den Journalismus als ethische Praxis gelangt. Neben der Vertiefung meines Forschungsansatzes wäre zur Beantwortung dieser Frage eine Forschungsperspektive nötig, welche die Differenzen zu anderen Medieninstitutionen und Produktionsprozessen berücksichtigt.

Daneben ergeben sich aus meiner Arbeit auch verschiedene weiterführende Forschungsperspektiven. So zeigte sich bei der Untersuchung der Übersetzungsarbeit der Korrespondenten, wie ihr Vermittlungsanspruch durch Orientierungswerten beeinflusst wird, die jenseits der professionellen Ethik liegen. Diese sich hier andeutenden alternativen Bezüge konnten in der vorliegenden Arbeit nur angedacht werden. Dieses Themenfeld scheint mir nicht nur deshalb interessant, weil es das reduktionistische Bild eines in den Fängen des Kapitalismus verstrickten Journalismus aufbricht (vgl. auch Boyer/Hannerz 2006), sondern auch weil sich die Frage stellt, in welchem Maß diese Orientierungswerte die Praxis strukturieren.

Eine ganz andere Perspektive ergibt sich, wenn man die bisherige Arbeit in Zusammenhang mit der Forschungsarbeit von Douglas Holmes und George E. Marcus stellt. Diese plädieren in ihrem Essay "Cultures of Expertise and the Management of Globalization: Towards the Re-functioning of Ethnography" (2005) für eine neue Forschungsstrategie, die nach ethnografischen (Forschungs-)Praktiken in Expertenkulturen fragt. Indem man den „para-ethnografischen"[221] Charakter deren Praxen zur Basis der Diskussion mache, gelange man zu einem Austausch mit den Expertensubjekten, so Holmes und Marcus. In meiner eigenen Forschung wurden besonders in der Vergleichspraxis der Journalisten Überschneidungen zwischen den journalistischen und ethnologischen Wissensmodi offenkundig. Ausblickend lässt sich hier von

[221] Als „para-ethnografisch" definieren sie in ihrem Forschungszusammenhang (Zentralbanken) eine Form des undisziplinierten marginalen Denkens, das sich in Genres wie der „Anekdote" oder „Intuition" ausdrückt.

einem para-ethnografischen, para-komparativen Wissensmodus der Journalisten sprechen. Explizit nach diesen Dimensionen in der journalistischen Wissensarbeit zu suchen, stellt eine fruchtbare Perspektive für weitere Forschung zu Journalismus beziehungsweise mit Journalisten dar. Der Ansatz würde auch zu einer erhöhten Selbstreflexivität der Methoden der Ethnologie führen. Darüber hinaus ermöglicht dieses Vorgehen neue Zugänge zu Wissensformen in global agierenden Medieninstitutionen. Es könnte so zur Beschreibung von transnationalen, globalisierten Wissensgemeinschaften dienen – als solche Auslandskorrespondenten, wie diese Arbeit gezeigt hat, sicherlich gelten können.

Literaturverzeichnis

Abu-Lughod, Janet, 1991: "Going beyond the Global Babble." In: Anthony D. King (Hg.): *Culture, Globalization, and the World-System*. London, S. 131-137.

Abu-Lughod, Lila, 1991: "Writing against Culture." In: Richard G. Fox (Hg.): *Recapturing Anthropology: Working in the Present*. Santa Fe, S. 137-162.

Al-Mikhlafy, Abdo, 2006: *Al-Jazeera. Ein regionaler Spieler auf globaler Medienbühne*. Marburg.

Appadurai, Arjun, 1991: "Global Ethnoscapes: Notes and Quieries for a Transnational Anthropology." In: Richard G. Fox (Hg.): *Recapturing Anthropology: Working in the Present*. Santa Fe, S. 191-210.

Asad, Talal, 1993: „Übersetzen zwischen den Kulturen. Ein Konzept der britischen Sozialanthropologie." In: Eberhard Berg (Hg.): *Kultur, soziale Praxis, Text: die Krise der ethnografischen Repräsentation*. Frankfurt am Main, S. 300-334.

Baisnée, Olivier/Marchetti, Dominique, 2006: "The Economy of Just-in-time Television Newscasting: Journalistic Production and Professional Excellence at Euronews." *Ethnography* 7 (1) 2006, S. 99-123.

Bastin, Gilles, 2003: „Ein Objekt, das sich verweigert: Der Journalismus in der Soziologie Pierre Bourdieus: Einige Bemerkungen über das journalistische Feld." *Publizistik* 48 (3) 2003, S. 258-273.

Beau, Nicolas, 1995: *Paris, Capitale arabe*. Paris.

Beck, Stefan, 2000: „Rekombinante Praxen. Wissensarbeit als Gegenstand der Europäischen Ethnologie." *Zeitschrift für Volkskunde* 96 (2000), S. 218-246.

Bishara, Amhal, 2006: "Local Hands, International News: Palestinian Journalists and the International Media." *Ethnography* 7 (1) 2006, S. 19-46.

Boyd, Douglas A., 1999: "Qatar." In: *Broadcasting in the Arab World: A Survey of the Electronic Media in the Middle East*. Ames, S. 183-188.

Boyer, Dominic, 2005a: *Spirit and System: Media Intellectuals, and the Dialectic Culture in Modern German Culture*. Chicago und London.

Boyer, Dominic, 2005b: "Visiting Knowledge in Anthropology: An Introduction." *Ethnos* 70 (2) 2005, S. 141-148.

Boyer, Dominic, 2005c: "The Corporeality of Expertise." *Ethnos* 70 (2) 2005, S. 243-266.

Boyer, Dominic/Hannerz, Ulf, 2006: "Worlds of Journalism." *Ethnograpy* 7 (1) 2006, S. 5-17.

Castro Varela, Marion do/Dhawan, Nikita, 2005: *Postkoloniale Theorie. Eine kritische Einführung*. Bielefeld.

Clifford, James, 1997: "Spatial Practices: Fieldwork, Travel, and the Disciplining of Anthropology." In: ders.: *Routes: Travel and Translation in the Twentieth Century*. Cambridge u. a., S. 52-91.

Cohen, Abner, 1985: *The Symbolic Construction of Community*. London.
Cooper, Thomas W. u. a. (Hg.), 1989: *Communication Ethics and Global Change*. New York.
Czerwick, Edwin, 1990: „Zur Nicht-Thematisierung streitwürdiger Themen. Eine Bestandsaufnahme." In: Ulrich Sarcinelli (Hg.): *Demokratische Streitkultur. Theoretische Grundpositionen und Handlungsalternativen in Politikfeldern*. Opladen, S. 177-193.
Debatin, Bernhard/Funiok, Rüdiger (Hg.), 2003: *Kommunikations- und Medienethik*. Konstanz.
Dietze, Gaby, 2005: "Postcolonial Theory." In: Inge Stephan und Christina von Braun (Hg.): *Gender @ Wissen*. Köln u. a., S. 304-324.
Dornfeld, Barry, 1998: *Producing Public Television, Producing Public Culture*. Princeton.
El-Nawawy, Mohammed/Iskandar, Adel, 2002a: *Al-Jazeera: How the Free Arab News Network Scooped the World and Changed the Middle East*. Cambridge.
El-Nawawy, Mohammed/Iskandar, Adel, 2002b: "The Minotaur of 'Contextual Objectivity': War Coverage and the Pursuit of Accuracy with Appeal." In: *Transnational Broadcasting Studies Journal* 9 (2002), http://www.tbsjournal.com/Archives/Fall02/Iskandar.html, abgefragt am 21.02.2006.
Entman, Robert M., 1993: "Framing: Toward Clarification of a Fractured Paradigm." *Journal of Communication* 43 (4) 1993, S. 51-58.
Ethnography 7(1) 2006: *Worlds of Journalism* (Sonderausgabe).
Fabre, Therry, 1989: „Les intermédiaires culturels. Vers une dialogique franco-algérienne." *Migrations société* 1 (5) 1989, S. 27-42.
Faubion, James D., 2001: "Toward an Anthropology of Ethics: Foucault and the Pedagogies of Autopoiesis." *Representations* 74 (2001), S. 83-104.
Foucault, Michel, 1994: „Zur Genealogie der Ethik: Ein Überblick über laufende Arbeiten." (Interview mit Michel Foucault.) In: Hubert L. Dreyfus und Paul Rabinow: *Michel Foucault. Jenseits von Strukturalismus und Hermeneutik*. Weinheim, S. 265-292.
Fox, Richard G./Ginrich, Andre, 2002: *Anthropology by Comparison*. London.
Funiok, Rüdiger, 2002: "Medienethik. Der Wertediskurs über Medien ist unverzichtbar." In: Irene Neverla u. a. (Hg.): *Grundlagentexte zur Journalistik*. Konstanz, S. 270-287.
Ginsburg, Faye D./Abu-Lughod, Lila/Larkin, Brian, 2002: *Media Worlds: Anthropology on New Terrain*. Berkeley u. a.
Gupta, Akhil/Ferguson, James, 1997: "Discipline and Practice: 'The Field' as Site, Method, and Location in Anthropology." In: dies. (Hg.): *Anthropological Locations: Boundaries and Grounds of a Field Science*. Berkeley u. a., S. 1-46.
Hafez, Kai, 2004: „Arabisches Satellitenfernsehen - Demokratisierung ohne politische Parteien?" *Aus Politik und Zeitgeschichte* 48 (2004), S. 17-23.
Hafez, Kai, 2003: "Journalism Ethics Revisited: A Comparison of Ethic Codes in Europe, North Africa, the Middle East, and Muslim Asia." In: ders. (Hg.): *Media*

Ethics in the Dialogue of Cultures. Journalistic Self-Regulation in Europe, the Arab World, and Muslim Asia. Hamburg, S. 39-68.

Hafez, Kai, 2002: *Die politische Dimension der Auslandsberichterstattung. Bd. 1: Theoretische Grundlagen*. Baden-Baden.

Hall, Stuart, 1994: *Rassismus und kulturelle Identität*. Hamburg.

Hannerz, Ulf, 2004: *Foreign News. Exploring the World of Foreign Correspondents*. Chicago.

Hess, Stephen, 1996: *International News & Foreign Correspondents*. Washington.

Holmes, Douglas/Marcus, George E., 2005: "Cultures of Expertise and the Management of Globalization: Towards the Re-functioning of Ethnography." In: Aiwa Ong und Stephen J. Collier (Hg.): *Global Assemblages: Politics, and Ethics as Anthropological Problems*. Malden, MA, S. 235-252.

Iskandar, Adel, 2006: "Is Al-Jazeera Alternative? Mainstreaming Alterity and Assimilating Discourses of Dissent." In: *Transnational Broadcasting Studies* 15 (2006), http://www.tbsjournal.com/IskandarPF.html, abgefragt am 30.01.2007.

Janning, Frank, 1991: *Pierre Bourdieus Theorie der Praxis: Analyse und Kritik der konzeptionellen Grundlagen einer praxeologischen Soziologie*. (Studien zur Wissenschaft Bd. 105.) Opladen.

Janowitz, Morris, 1975: "Professional Models in Journalism." *Journalism Quarterly* 52 (1975), S. 618-626, 662.

Jurkiewicz, Sarah, 2006: „Professionelle Halfies. Al-Jazeera Korrespondenten in Europa." *Kuckuck* 1 (2006), S. 36-41.

Knorr, Karin, 1980: „Die Fabrikation von Wissen. Versuch zu einem gesellschaftlich relativiertem Wissen." *Kölner Zeitschrift für Soziologie und Sozialpsychologie* 22, S. 226-245.

Koch, Gertaud, 2006: „Internationalisierung von Wissen." In: dies. (Hg.): *Internationalisierung von Wissen: Multidisziplinäre Beiträge zu Praxen des Wissenstransfers*. St. Ingberg, S. 9-23.

Kosnick, Kira, 2004: "Good Guys and Bad Guys: Turkish Migrant Broadcasting in Berlin." In: Thomas Faist und Eyüp Özvereb (Hg.): *Transnational Social Spaces: Agents, Networks and Institutions*. Adlershot, S. 189-209.

Lambeth, Edmund B.,1990: "Waiting for a New St. Benedict: Alasdair MacIntyre and the Theory and Practice of Journalism." In: *Journal of Mass Media Ethics* 5 (2) 1990, S. 75-87.

Lange, Katharina, 2005: *„Zurückholen, was uns gehört". Indigenisierungstendenzen in der arabischen Ethnologie*. Bielefeld.

Lindner, Rolf, 1995: „Kulturtransfer. Zum Verhältnis von Alltags-, Medien- und Wissenschaftskultur." In: Wolfgang Kaschuba (Hg.): *Kulturen - Identitäten - Diskurse. Perspektiven Europäischer Ethnologie*. Berlin, S. 31-44.

Malkki, Lisa H., 1997: "News and Culture: Transitory Phenomena and the Fieldwork Tradition." In: Akhil Gupta und James Ferguson (Hg.): *Anthropological Locations: Boundaries and Grounds of a Field Science*. Berkeley et al., S. 86-101.

Mandaville, Peter, 2001: *Transnational Muslim Politics: Reimagining the Umma.* London.

Marcus, George E., 1997: "Critical Cultural Studies as One Power/Knowledge like, among, and in Engagement with Others." In: Elizabeth Long (Hg.): *From Sociology to Cultural Studies*. Malden, S. 399-425.

Marcus, George E., 1986: "Ethnography in/of the World System: The Emergence of Multi-sited Ethnography." *Annual Review of Anthropology* 24 (1986), S. 95-117.

Mellor, Noha, 2007: *Modern Arab Journalism: Problems and Perspectives*. Kairo.

Miles, Hugh, 2005a: *Al-Dschasira. Ein arabischer Nachrichtensender fordert den Westen heraus*. Hamburg.

Miles, Hugh, 2005b: "What the World Thinks Of Al-Jazeera." In: *Transnational Broadcasting Studies* 14 (2005), http://www.tbsjournal.com/Archives/Spring05/miles.html, abgefragt am 21.02.2006.

McLuhan, Marshall, 1994 [1964]: *Die magischen Kanäle*. Düsseldorf und Wien.

Morley, David/Robins, Kevin, 1995: *Spaces of Identity: Global Media, Electronic Landscapes and Cultural Boundaries*. London und New York.

Nader, Laura, 1994: "Comparative Consciousness." In: Robert Borofsky (Hg.): *Assessing Cultural Anthropology*. New York, S. 89-96.

Nader, Laura, 1972: "Up the Anthropologist: Perspectives Gained from Studying Up." In: Dell Hymes (Hg.): *Reinventing Anthropology*. New York, S. 284-311.

Neverla, Irene/Grittmann, Elke/Pater, Monika (Hg.), 2002: *Grundlagentexte zur Journalistik*. Konstanz.

Ortner, Sherry B., 1984: "Theory in Anthropology since the Sixties." *Comparative Studies in Society and History* 26 (1) 1984, S. 126-166.

Rabinow, Paul, 2004: *Anthropologie der Vernunft. Studien zu Wissenschaft und Lebensführung*. Hg. und übers. von Carlo Duff und Tobias Rees. Frankfurt am Main.

Rabinow, Paul, 1996a: *Making PCR: A Story of Biotechnology*. Chicago.

Rabinow, Paul, 1996b: *Essays on the Anthropology of Reason*. Princeton und New Jersey.

Rabinow, Paul, 1993: „Repräsentationen sind soziale Tatsachen." In: Eberhard Berg (Hg.): *Kultur, soziale Praxis, Text: die Krise der ethnografischen Repräsentation*. Frankfurt am Main, S.158-199.

Rao, Shakuntala/Lee, Seow Ting, 2005: "Globalizing Media Ethics? An Assessment of Universal Ethics Among International Journalists." In: *Journal of Mass Media* 20 (2/3) 2005, S. 99-120.

Saghieh, Hazem, 2004: "Al-Jazeera: The World through Arab Eyes." In: *openDemocracy*, www.openDemocracy.net, abgefragt am 21.09.2005.

Schicha, Christian/Brosda, Carsten (Hg.), 2000: *Medienethik zwischen Theorie und Praxis: Normen für die Kommunikationsgesellschaft*. Münster u. a.

Schiffauer, Werner, 2004: "Cosmopolitans are Cosmopolitans: In the Relevance of Local Identification in Globalizing Society." In: Jonathan Friedman und Shalini Randeria (Hg.): *Worlds on the Move, Globalization, Migration and Cultural Security*. London, S. 91-101.

Schleifer, Abdallah S., 2001: "The Sweet and Sour Success of Al-Jazeera." In: *Transnational Broadcasting Studies* 7 (2001), http://www.tbsjournal.com/Archives/Fall01/Jazeera_sas.html, abgefragt am 30.10.2006.

Schmid, Wilhelm, 1991: *Auf der Suche nach einer neuen Lebenskunst: Die Frage nach dem Grund und die Neubegründung der Ethik bei Foucault*. Frankfurt am Main.

Schudson, Michael, 1995: *The Power of News*. London.

Spivak, Gayatri Chakravorty, 1988: "Can the Subaltern Speak?" In: Cary Nelson und Lawrence Grossberg (Hg.): *Marxism and the Interpretation of Culture*. Urbana, S. 271-313.

Stahlberg, Per, 2006: "On the Journalistic Beat in India: Encounters with the Near Familiar." *Ethnography* 7 (1) 2006, S. 47-67.

Strathern, Marilyn, 2002: "Not giving the game way." In: Richard G. Fox und Andre Ginrich: *Anthropology by Comparison*. London, S. XIII-VXIII.

Suliman, Aktham, 2006: "Pressefreiheit als Langstreckenrakete." *Berliner Journalisten* 1 (2006), S.12-14.

Tuchman, Gaye, 1978: *Making News. A Study in Construction of Reality*. New York und London.

Ward, Stephen J.A., 2004: *The Invention of Journalist Ethics: The Path to Objectivity and Beyond*. Montreal u. a.

Warneken, Bernd Jürgen/Wittel, Andreas, 1997: „Die neue Angst vor dem Feld. Ethnographisches research up am Beispiel der Unternehmensforschung." *Zeitschrift für Volkskunde* 93 (1997), S.1-16.

Weber, Max, 2002 [1919]: „Wissenschaft als Beruf." In: *Max Weber. Schriften 1894-1922*. Stuttgart, S. 474-511.

Weber, Stefan, 2002: „Doppelte Differenz. Schritte zu einer ‚konstruktivistischen Medienkommunikation'." In: Irene Neverla u. a. (Hg.): *Grundlagentexte zur Journalistik*. Konstanz, S. 73-88.

Weischenberg, Siegfried/Kleinsteuber, Hans J./Pörksen, Vernhard (Hg.), 2005: *Handbuch Journalismus und Medien*. Konstanz.

Welz, Gisela, 1998: "Moving Targets. Feldforschung unter Mobilitätsdruck." *Zeitschrift für Volkskunde* 94 (1998), S. 177-194.

Wolf, Michaela, 2006: „Übersetzen als ‚Brücke zwischen den Kulturen'?" *Kuckuck* 1 (2006), S. 10-15.

Zayani, Mohamed/Sahraoui, Sofiane, 2007: *The Culture of Al-Jazeera: Inside an Arab Media Giant*. Jefferson u. a.

Presseartikel

BBC Monitoring: "Al-Jazeera's Popularity and Impact." In: http://newsvote.bbc.co.uk, abgefragt am 2.11.2006.

Deutsche Welle: „Vor Ort für Al-Jazeera." 27.10.2002.

Die Welt: „Deutschlands Stimme in Nahost: Ein Besuch bei Aktham Suliman, Korrespondent des arabischen Senders Al Jazeera." 26.02.2003.

Frankfurter Rundschau: „Berlin aus arabischer Sicht. Aktham Suliman ist Korrespondent des Nachrichtensenders Al-Dschasira: ‚Deutschland ist wichtiger als Paris'." 21.10.2002.

Neues Deutschland: „Alles, was Araber interessieren könnte: Nachrichtensender ‚Al Dschasira' holt im Wettlauf mit CNN und BBC auf." 21.03.2003.

Süddeutsche Zeitung: „Al Dschasira Korrespondent: ‚Ich will nicht in die Multi-Kulti-Ecke': Der Syrer Aktham Suliman ist Korrespondent für Al Dschasira in Berlin und muss sich als Einzelkämpfer bewähren." 10.12.2002.

Tagesspiegel: „Das Mikrofon ist nur geborgt. Anti-Bush-Protest und Al-Qaida-Prozess: Wie Al Dschasira aus Berlin berichtet." 31.10.2002.

Anhang: Al-Jazeeras Code of Ethics[222]

Code of Ethics

Being a globally oriented media service, Al Jazeera has adopted the following code of ethics in pursuance of the vision and mission it has set for itself:

1. Adhere to the journalistic values of honesty, courage, fairness, balance, independence, credibility and diversity, giving no priority to commercial or political considerations over professional ones.

2. Endeavour to get to the truth and declare it in our dispatches, programmes and news bulletins unequivocally in a manner which leaves no doubt about its validity and accuracy.

3. Treat our audiences with due respect and address every issue or story with due attention to present a clear, factual and accurate picture while giving full consideration to the feelings of victims of crime, war, persecution and disaster, their relatives and our viewers, and to individual privacy and public decorum.

4. Welcome fair and honest media competition without allowing it to affect adversely our standards of performance so that getting a "scoop" will not become an end in itself.

5. Present diverse points of view and opinions without bias or partiality.

6. Recognise diversity in human societies with all their races, cultures and beliefs and their values and intrinsic individualities in order to present unbiased and faithful reflection of them.

7. Acknowledge a mistake when it occurs, promptly correct it and ensure it does not recur.

[222] http://english.aljazeera.net/aboutus/2006/11/2008525185733692771.html, abgefragt am 10.10.2008.

8. Observe transparency in dealing with news and news sources while adhering to internationally established practices concerning the rights of these sources.

9. Distinguish between news material, opinion and analysis to avoid the pitfalls of speculation and propaganda.

10. Stand by colleagues in the profession and offer them support when required, particularly in light of the acts of aggression and harassment to which journalists are subjected at times. Cooperate with Arab and international journalistic unions and associations to defend freedom of the press.

MEDIEN UND POLITISCHE KOMMUNIKATION – NAHER OSTEN UND ISLAMISCHE WELT / MEDIA AND POLITICAL COMMUNICATION – MIDDLE EAST AND ISLAM

(Die Bände 1–10 sind beim Deutschen Orient-Institut, Hamburg erschienen und über dieses und den Buchhandel zu beziehen.)

Band 11 Jamal Nazzal: Das palästinensische Rundfunksystem und die deutsch-palästinensische Medienkooperation. 340 Seiten. ISBN 978-3-86596-058-0. ISBN 3-86596-058-8

Band 12 Aydin Nasseri: Internet und Gesellschaft in Iran. Mit einem Vorwort von Katajun Amirpur. 198 Seiten. ISBN 3-86596-116-9

Band 13 Maria Röder: Haremsdame, Opfer oder Extremistin? Muslimische Frauen im Nachrichtenmagazin Der Spiegel. 160 Seiten. ISBN 978-3-86596-143-3

Band 14 Antje Glück: Terror im Kopf. Terrorismusberichterstattung in der deutschen und arabischen Elitepresse. 206 Seiten. ISBN 978-386596-157-0

Band 15 Muhammad I. Ayish: The New Arab Public Sphere. 254 Seiten. ISBN 978-3-86596-168-6

Band 16 Susan Schenk: Das Islambild im internationalen Fernsehen. Ein Vergleich der Nachrichtensender *Al Jazeera English*, *BBC World* und *CNN International*. 176 Seiten. ISBN 978-3-86596-224-9

Band 17 Jan Michael Schäfer: Protest in Ägypten. Wie Al-Jazeera und andere Medien die Kifaya-Bewegung möglich machten. 150 Seiten. ISBN 978-3-86596-219-5

Frank & Timme

Verlag für wissenschaftliche Literatur

MEDIEN UND POLITISCHE KOMMUNIKATION – NAHER OSTEN UND ISLAMISCHE WELT / MEDIA AND POLITICAL COMMUNICATION – MIDDLE EAST AND ISLAM

Band 18 Sarah Jurkiewicz: Al-Jazeera vor Ort. Journalismus als ethische Praxis. 140 Seiten. ISBN 978-3-86596-228-7

Band 19 Katharina Nötzold: Defining the Nation? Lebanese Television and Political Elites, 1990–2005. 376 Seiten. ISBN 978-3-86596-242-3

Band 20 Kerstin Engelmann, Friederike Günther, Nele Heise, Florian Hohmann, Ulrike Irrgang, Sabrina Schmidt: Muslimische Weblogs. Der Islam im deutschsprachigen Internet. 282 Seiten. ISBN 978-3-86596-239-3

Band 21 Carola Richter: Medienstrategien ägyptischer Islamisten im Kontext von Demokratisierung. 354 Seiten. ISBN 978-3-86596-361-1

Band 22 Douglas Reynolds: Turkey, Greece, and the "Borders" of Europe. Images of Nations in the West German Press 1950–1975. 558 Seiten. ISBN 978-3-86596-441-0

Band 23 Kai Hafez (Hg.): Arabischer Frühling und deutsches Islambild. Bildwandel durch ein Medienereignis? 154 Seiten. ISBN 978-3-86596-497-7

Band 24 Almut Woller: Transformation der Geschlechterverhältnisse in den Vereinigten Arabischen Emiraten. Eine feministische Diskursanalyse der Arbeitsmarktintegration emiratischer Frauen. 234 Seiten. ISBN 978-3-7329-0015-2

Band 25 Margret Müller: The World According To Israeli Newspapers. Representations of International Involvement in the Israeli-Palestinian Conflict. 286 Seiten. ISBN 978-3-7329-0286-6

Frank & Timme

Verlag für wissenschaftliche Literatur